新・プリマーズ/保育/福祉

家庭支援論

高辻千恵／山縣文治 編著

ミネルヴァ書房

はじめに

　多くの保育所や幼稚園では，かねてから子どもたちの保護者や家庭に対してさまざまな支援が行われてきました。少子化問題を一つの発端として子育て家庭への支援の必要性が広く人々に認識されるようになるなかで，この20年あまりの間に保育の場が地域の子育て支援の拠点としての役割を担うことへの社会的要請はよりいっそうの高まりを見せ，今日に至っています。

　法律上では，1997年の児童福祉法改正において，保育所における地域子育て支援が努力義務として明記されました。2001年の改正で保育士が法定化（国家資格化）された際には，保育士は「児童の保育及び児童の保護者に対する保育に関する指導を行うことを業とする者」と規定されました。

　幼稚園に関しては，2007年の学校教育法改正で，子育て支援が幼稚園の役割として新たに位置づけられることになりました。また2006年に新たな保育施設として制度が開始された認定こども園は，当初から，就学前の子どもに対して教育と保育を一体的に提供するとともに，地域の子育て支援の機能を担う施設と定義されています。

　これに合わせ，保育所保育指針，幼稚園教育要領，幼保連携型認定こども園教育・保育要領，いずれにおいても，子育て家庭に対する支援の充実がうたわれています。あわせて，こうした保育の場で子どもの保育に従事する保育者も，その役割をしっかりと担うことができるよう，養成段階から家庭支援に関する領域を学ぶことが求められています。

　本書は，主に保育所・幼稚園・認定こども園の保育者が行う家庭支援について基本となる内容を取りあげました。ただし，当然ながらその他の児童福祉施設やNPOなどによるさまざまな支援活動も視野においています。本書の目的は以下の3点です。

　①保育の場および保育者ならではの特性を踏まえた家庭支援がなぜ必要とさ

れているのか，その背景と保育者による家庭支援の意義・目的・役割を理解する。
②家庭支援の実践にあたっての基礎的事項（資源・対象・内容・方法）を知る。
③家庭支援において保育者に求められる基本姿勢や職業倫理，子育て家庭を取り巻く社会状況を踏まえた今後の支援のあり方について考える。

　本書で紹介するさまざまなデータや資料については，できる限り刊行時点で最新のものとなるよう努めました。しかし，現在の子育てに関わる社会の動向，それぞれの家庭のありよう，さらに，それに対する人々の意識はめまぐるしく変化・多様化しています。また2015年に本格施行となった新たな子ども・子育て支援制度も，現在ようやく1年が経過して実態としての本格的な展開はまだまだこれからという段階です。読者の方々にはぜひ，本書の内容に関連する今後の新たな情報にも注目しながら，それぞれの学びや考えを深めていっていただきたいと思います。

　一方で，どんなに時代や社会が変わっても，子どもたちの幸せと豊かで健やかな育ちを願う気持ちは普遍的な価値をもつものです。したがって，本書で示した子どもとその育つ家庭を社会全体で支援する際の本質や根本にあたる部分は，大切に守り継いでいくべきであろうと考えています。子どもと家族に寄り添ってさまざまな声に耳を傾けつつ，私たち一人ひとりが，変えていくべきことと変えてはならないことを問い，考える姿勢を常にもち続けることが，実態に即した支援とその質の向上へとつながっていきます。

　これからの家庭支援を担う方々が，よりよい支援を目指して歩んでいかれる際に，本書がその一助となれば幸いです。

2016年7月

編著者　高辻千恵
山縣文治

目　次

はじめに

第1章　家庭支援とは …………………………………………………… 1

1　「子どもの育つ場」を支える・育てるということ …………………… 1

1　子どもという存在　1
　(1)　一個の独立した人格の主体　1　(2)　受動的権利と能動的権利を同時に有する存在　2　(3)　成長発達する存在　2

2　保護者という存在　2
　(1)　親と保護者の相違　2　(2)　親権の行使者・子どもの養育の主体としての保護者　3　(3)　子育て力を高めていく必要がある存在　4　(4)　家庭を切り盛りする主体という存在　4　(5)　機能しなければ交代可能な存在　5

3　子どもが育つ3つの場　5
　(1)　第一次社会化の場としての家庭　5　(2)　第二次社会化の場としての地域　6　(3)　第三次社会化の場としての学校や保育所などの社会制度　6　(4)　子どもの育ちの場を総合的に捉える必要性　6

4　家庭支援とは何か　7

2　家庭支援の基本理念 …………………………………………………… 7

1　子どもへの適切な関心を高める　7
2　子どもと保護者が共に育ち合う関係を育てる　8
3　一人ひとりの生きる力を培う　8
4　地域とつながり地域の一員となる力を育む　9
5　まちをつくっていく基礎を固める　9

3　家庭支援の必要性と意義 ……………………………………………… 9

1　家庭支援の必要性　9
　(1)　子育て機能の低下　9　(2)　地域子育て力の低下　10　(3)　在宅子育て

層の多さ　10
　　2　家庭支援の意義　11
　　　(1)　子ども自身の育ちの社会的支援　11　　(2)　子どもの養育を核にした保護者の生活全体の支援　12　　(3)　子どもの養育力の向上　12　　(4)　地域の福祉力の向上　12
　　3　家庭支援のターゲット　13
　　　(1)　子育ちの支援　13　　(2)　保護者支援　13　　(3)　親子関係の支援　13
　　　(4)　育む環境の育成　14

第2章　家族・家庭とは …………………………………………………… 15

1　家族とは ……………………………………………………………… 15
　1　家族とは何か　15
　2　家制度的家族から近代家族へ　17
　3　家庭という言葉　19

2　家族の機能 …………………………………………………………… 19

3　現代の家族関係 ……………………………………………………… 21
　1　世帯規模の縮小による家族機能の縮小　21
　2　性別役割分業による子育ての母親への偏り　22
　3　地域からの孤立と地域社会の崩壊　22
　4　家族の多様化　22
　5　共働き化による母親への過重負担　23
　6　家族への思い　23

第3章　子育て家庭を取り巻く社会環境 ………………………………… 26

1　社会の変容と子育て ………………………………………………… 26
　1　少子化と子どもの価値の変化　26
　2　現代日本における少子化の要因とは　27

2　現代の子育て環境 …………………………………………………… 28

1　地域社会におけるつながりと子育て　28
　　　2　子育て世帯の経済的な不安定さ　29
　　　3　子どもが育つ環境と子どもを育てる環境の変化　31

　③　ライフコースの多様化と子育て意識 …………………………………… 32
　　　1　ライフコースの多様化　32
　　　2　子育てに関する意識　34

　④　男女共同参画とワーク・ライフ・バランス ………………………… 35
　　　1　男女共同参画　35
　　　2　ワーク・ライフ・バランス　37

第4章　子育てを通じた親・家族の発達 ………………………………… 40

　①　「親」としての育ち ………………………………………………………… 40

　②　関係発達の視点から捉える子どもと家族 …………………………… 41
　　　1　第一次反抗期とは　42
　　　2　第一次反抗期における親子の関係発達　43
　　　3　親子にとっての反抗期の意味　45
　　　4　家庭支援における関係発達の視点　45

　③　父親と子育て ……………………………………………………………… 46
　　　1　父親の子育ての状況　46
　　　2　父親の子育て意識　49

第5章　子育て家庭支援施策の経緯・現状・展望 ……………………… 52

　①　子育て家庭支援施策のはじまりと展開 ……………………………… 52
　　　1　支援の必要性への気づき ── 育児不安と少子化　52
　　　2　少子化対策としての子育て支援 ── エンゼルプランと新エンゼルプラン　54
　　　3　次世代育成という視点へ ── 法律の制定と新しい少子化対策　55
　　　4　子育て支援施策のさらなる展開 ── 新しい制度に向けて　57

2 子ども・子育て支援制度 ……………………………………… 60
1 新しい体制の構築　60
2 就学前の教育・保育の展開　61
3 地域子ども・子育て支援の拡充　64

3 子ども・子育て家庭への支援に関わる法律と制度・事業 ……… 64
1 子ども・子育て家庭に関する法律の全体像　64
2 子育ち・子育てを支援するための主な制度・事業の全容　67

第6章　子育て家庭支援のための社会資源と地域のネットワーク ……… 70

1 子育て家庭を支える社会資源 ……………………………………… 70

2 子育て家庭支援に関わる機関・施設・組織と人 …………………… 73
1 子育て家庭への支援を行う主な機関・施設・組織　73
　(1) 児童相談所　73　(2) 市町村（子ども家庭福祉・教育等の所管課）　74
　(3) 福祉事務所・家庭児童相談室　74　(4) 保健所・保健センター　75
　(5) 保育所　75　(6) 幼稚園　76　(7) 認定こども園　76　(8) 児童館　76　(9) 社会福祉協議会　77
2 子育て家庭への支援を担う人々　77

3 地域における子育て支援のネットワーク ………………………… 79

第7章　保育者による家庭支援の基本 ……………………………… 83

1 保育者が行う家庭支援の意義・目的 ……………………………… 83
1 保育者が行う家庭支援の意義・目的　83
2 家庭支援を行う保育者の専門性　84
　(1) 保育者としての倫理　84　(2) 知識　84　(3) 技術　84　(4) 判断　86　(5) 豊かな人間性　86
3 保育・子育て支援施設（保育所等）の特性を活かした家庭支援　87

2 家庭支援の対象と支援の内容 …………………………………… 87
1 子育て家庭の状況の多様性　87

(1) 自助努力で解決・緩和が可能な場合　88　　(2) 子育てに必要な力や資源に乏しい場合　88　　(3)「気になる親・家庭」と認識される場合　89

　2　家庭の状況に応じた援助　89

　3　保育者による家庭支援の展開プロセス　90

3 多様な子育て支援サービス ……………………………………… 91

　1　保護者への心理的支援　91

　2　保護者への教育的支援　92

　3　地域社会への情報提供　92

　4　子育て・家事支援　93

　5　子どもの健全育成　93

　6　地域のネットワークづくり　94

第8章　家庭支援における保育者の基本姿勢と専門性 ……………… 95

1 支援の方向性——パートナーシップと自己決定 ………………… 95

　1　保護者に対する支援の基本姿勢　95

　2　パートナーシップ　96

　3　自己決定の尊重　98

2 保護者理解と信頼関係 …………………………………………… 100

　1　保護者理解　100

　2　信頼関係　102

3 プライバシーの保護および秘密保持 …………………………… 103

4 地域の社会資源の活用と関係機関との連携・協働 …………… 104

　1　地域の社会資源の活用　104

　2　関係機関との連携・協働　105

第9章　保育所等在籍児の家庭への支援 ……………………………… 107

1 保育所等における家庭支援の特性 ……………………………… 107

② 家庭支援における保育者の多様な役割 …………………………… 108
1 子どもの保育を行う　108
2 子育てを協同で行う　108
3 保護者の養育力向上を支援する　109
4 子育てに関する相談を受ける　110
5 関係機関と連携する　111

③ 保護者とのコミュニケーション ……………………………………… 111
1 直接的なコミュニケーション　113
　(1) 送迎時のやりとり　113　(2) 個別面談　113　(3) 保護者会, 保育参観・保育参加, 行事　114　(4) 必要に応じた個別の相談　114
2 間接的なコミュニケーション　115
　(1) 連絡帳によるやりとり　115　(2) 園通信やクラス通信　115　(3) 必要に応じた園やクラスからのお知らせ・おたより　115

④ 多様な保護者への対応 ……………………………………………… 116
1 日々の直接的なやりとりが難しい保護者　116
2 子育てに対する思いの強い保護者　117
3 子どもに障害や発達上の課題がある場合　118
4 保護者の意見や苦情を大切にする　118

第10章　地域の子育て家庭への支援 ……………………………… 120

① 地域子育て支援の展開 ……………………………………………… 120
1 地域の子育て家庭の現状の理解　120
2 地域の子育て支援の拠点　121

② 地域子育て支援における支援者の役割 …………………………… 124
1 地域子育て支援における支援者　124
2 地域子育て支援の場の特性　124
3 ピア・サポートの促進　125

③ 保育所における地域の子育て家庭への支援 ……………………… 126

1　もっとも身近な児童福祉施設としての役割と期待されていること　126
　　2　保育所保育指針における「地域における子育て支援」　127

4　地域の「子育てひろば」における支援および新制度の支援 …………128
　　1　地域の「子育てひろば」における支援　128
　　　(1)　出会い・ふれ合う場としての支援・環境　128　(2)　学び合い・支え合う場としての支援・環境　129
　　2　子どもを守るための地域のネットワーク等　130
　　　(1)　訪問事業（アウトリーチ）　130　(2)　子育て世代包括支援センター　131
　　　(3)　地方版子ども・子育て会議　132　(4)　要保護児童対策地域協議会　132
　　　(5)　子育て支援員制度　133

第11章　発達のつまずきや障害のある子どもの家庭支援 ……………134

1　子どもの障害を受容する過程の理解 ……………………………………134
　　1　早期に診断しやすい障害の受容過程　134
　　2　早期の診断が難しい障害の受容過程　136
　　3　「受容」の意味と支援　137

2　保護者への対応にあたっての基本的事項 ……………………………138
　　1　保育者自身の気づきと対応　138
　　2　保護者との信頼関係　139
　　3　発達の評価はしない　139

3　受容の段階に応じた保護者への対応 …………………………………139
　　1　気づきにくい保護者への対応　139
　　2　気づきを得て揺れ動く保護者への対応　140
　　3　気づきを促す伝え方　142
　　　(1)　園での子どもの様子を見てもらう　142　(2)　保育者の手立てを具体的にエピソードで伝える　142　(3)　保育以外の相談先の利用も考える　143
　　4　専門の支援を受けてからの保護者への対応　145

4　育ち合う保育を通じた保護者支援 ……………………………………146

    1　周りの子どもへの対応　146
    2　周りの保護者への対応　148

第12章　子ども虐待への対応……………………………………………149

① 子ども虐待と発生リスク ……………………………………………149
    1　子ども虐待とは　149
    2　虐待発生のリスク要因　151

② 保育者による虐待の早期発見と予防 ………………………………153
    1　保育者による早期発見　153
    2　専門機関への通告　155
    3　専門機関との連携　156

③ 保護者への対応 ………………………………………………………158
    1　保護者に対する個別支援とその範囲　158
    2　保護者支援における園内連携　159

④ 子どもへの対応 ………………………………………………………160
    1　虐待の事実確認と留意事項　160
    2　子どもへの個別的対応　161

第13章　さまざまな家庭への支援…………………………………………162

① 保護者の離婚 …………………………………………………………162
    1　離婚がもたらす子どもへの影響　162
    2　離婚後の別居親との面会交流　163
    3　離婚家庭への支援　164

② ひとり親家庭への支援 ………………………………………………165
    1　ひとり親家庭の現状　165
    2　ひとり親家庭の就労と子育て　165
    3　保育者に求められる配慮　167

目　次

- **3** ステップファミリーへの支援 …………………………………………… 168
  - 1　ステップファミリーとは　168
  - 2　ステップファミリーの家族関係と継親子関係の難しさ　168
  - 3　喪失と変化の経験　170
  - 4　保育者に求められるステップファミリーへの支援　170

- **4** 異文化を背景とする家庭 …………………………………………………… 172
  - 1　異文化を背景とする家庭とは　172
  - 2　日常生活上のさまざまな困難　172
  - 3　多文化に育つ子どもとその家庭への支援　173

第14章　諸外国における子育て支援 ……………………………………… 175

- **1** 子育て支援の国際比較 ……………………………………………………… 175
  - 1　少子高齢化がもっとも進んでいる日本の現状　176
  - 2　子どもに対する公的支出の比較　177
  - 3　多様化する子育て家庭支援の比較——育児休業制度　179
  - 4　多様化する子育て家庭支援の比較——保育環境の整備　181

- **2** 諸外国の子育て支援の取り組み ………………………………………… 184
  - 1　妊娠・出産・育児と切れ目のない子育て支援：フィンランド　184
  - 2　家族の多様性を尊重する子育て支援：スウェーデン　185
  - 3　子育てや介護を含む，あらゆる人々への包括的な支援：ドイツ　187

- **3** 諸外国の子育て支援から学ぶこと ……………………………………… 188

第15章　これからの家庭支援 ……………………………………………… 190

- **1** 子ども・子育て家庭をめぐる近年の諸課題 …………………………… 190

- **2** 支援の質を高めるために ………………………………………………… 193
  - 1　子育て家庭支援者の養成と資格・研修　193
  - 2　現場における研修と支援の評価　195

3 社会全体で次世代を育むという意識の醸成 …………………………… 196
　1　仕事と育児の両立支援　196
　2　子ども・子育て家庭への温かいまなざしを培う　197

第1章
家庭支援とは

ポイント
1 子どもおよび保護者という存在の意味を理解しよう。
2 家庭支援の基本理念を理解しよう。
3 家庭支援の必要性とその意義を理解しよう。

1 「子どもの育つ場」を支える・育てるということ

　家庭支援を考える際には，子どもとは何か，保護者とは何か，家庭とは何か，ということをまずは理解しておくことが必要です。

1 子どもという存在

　子ども家庭福祉における，子どもという存在の見方は，基本的には人間一般の見方に共通しますが，子ども期固有の部分がこれに加わることになります。ここでは，子どもという存在について，一般に誤解されやすい部分を含め，改めてその見方のポイントを提示しておきます。

　（1）一個の独立した人格の主体
　たとえ子どもといえども，独立した人格の主体と見るというのが，子ども家庭福祉の大前提です。心身の発達状況によっては，十分に独立したとはいいがたい状況にあることは事実です。しかしながら，そのことによって，たとえば親権者である親の意思で，子どもに関わる重要な事項をすべて決定できるとは考えません。親が適切な意思決定をしない場合には，当然のことながら社会的介入が行われることになります。

（2）受動的権利と能動的権利を同時に有する存在

受動的権利とは，成長発達を社会的に保護される権利のことをいいます。子どもの権利保障の歴史のなかでは，比較的早くから，このような権利の側面については認識されていました。一方，能動的権利とは，自分を表現したり，意見や態度を明らかにしたりする権利で，個性を発揮する権利ということもできます。児童の権利に関する条約[*1]により，子どもにもこのような権利があることが明確にされました。現代の課題は，一人ひとりの発達段階に応じて，能動的権利の保障をどのように図るかにあります。

（3）成長発達する存在

子どもは成長発達する存在であり，それを家庭や社会から適切に保障される必要があります。児童福祉法では，その第一義的責任を保護者に課しています（第2条第2項）。またこれを，国や地方公共団体にも同等に課しています（第2条第3項）。

子ども家庭福祉ニーズは，人間あるいは子どもとしての存在との関係で，それらが十分に実現していない場合に発生します。たとえば，家族機能[*2]の低下により，社会生活や成長発達が脅かされた場合に，それを代替的，あるいは補完的に保障することが必要となります。一方，家庭機能の回復あるいは向上を図るための支援も必要です。

2 保護者という存在

（1）親と保護者の相違

親のことを保護者という場合があります。両者は，どのような関係にあるのでしょう。児童福祉法では，保護者を表1-1のように定義しています。

親権を行う者が，一般には親です。ただし，養子縁組を結んだ場合には，実

---

* 1 　児童の権利に関する条約　子どもの基本的人権を国際的に保障するために定められた条約。1989年に国連で採択され，日本は1994年に批准。
* 2 　家族機能については，本書第2章参照。

表1-1 児童福祉法における保護者の定義（第6条）

> この法律で，保護者とは，第19条の3，第57条の3第2項，第57条の3の3第2項及び第57条の4第2項を除き，親権を行う者，未成年後見人その他の者で，児童を現に監護する者をいう。

注：表中の条文は，小児慢性特定疾病児童等に関する例外規定。

表1-2 親権の効力

【監護及び教育の権利義務】（第820条）
　親権を行う者は，子の利益のために子の監護及び教育をする権利を有し，義務を負う。
【居所指定権】（第821条）
　子は，親権を行う者が指定した場所に，その居所を定めなければならない。
【懲戒権】（第822条）
　親権を行う者は，第820条の規定による監護及び教育に必要な範囲内でその子を懲戒することができる。
【職業許可権】（第823条）
　子は，親権を行う者の許可を得なければ，職業を営むことができない。
【財産管理権および代表権】（第824条）
　親権を行う者は，子の財産を管理し，かつ，その財産に関する法律行為についてその子を代表する。ただし，その子の行為を目的とする債務を生ずべき場合には，本人の同意を得なければならない。

親ではなく養親が，保護者としての「親」になります。未成年後見人は，親が亡くなってしまった場合や，親権が喪失状態や一時停止している場合に保護者となります。児童を現に監護する者には，親等の委託を受けて子どもの世話をしている人などが該当します。いずれにしても，親以外も保護者となることができるということを意味しています。

このように，いくつかの例外があることは意識しつつも，本書では，法律や制度的に明確な場合は除き，親と保護者を区別せず，原則として保護者として表記します。

（2）親権の行使者・子どもの養育の主体としての保護者

民法では，「成年に達しない子は，父母の親権に服する」（民法第818条）としており，未成年の者は親権行使の対象となります。親権には表1-2に示す中

身があります。とりわけ監護及び教育の権利義務（民法第820条）は、子育てに関連する重要な規定で、「親権を行う者は、子の利益のために子の監護及び教育をする権利を有し、義務を負う」となっています。すなわち、親権は、「子の利益」のためのものであり、権利であるのみならず、義務でもあるということです。換言すると、親権を適切に行使しないものはそれを奪われたり、一時停止されたりすることがあるということであり、社会は適切に行使できるように支援する必要もあるということになります。

（3）子育て力を高めていく必要がある存在

妊娠、出産、母乳の生成までは、女性の身体的機能のなかにあらかじめ組み込まれています。妊娠をすれば、身体は出産に向けての準備に入ります。あわせて母乳を出す準備にも入ります。母親は、「ぼちぼち子どもが生まれそうだから、母乳を出す準備をしなければ」と考えているわけではありません。自然に準備がなされるのです。このような意味では、妊娠、出産、母乳の生成は、女性あるいは母親の本能的行為といってもいいかもしれません。

では、「子育て」はどうでしょう。最初からある程度上手にできるように、身体のなかに組み込まれているのでしょうか。父親よりも母親のほうが上手にできるようになっているのでしょうか。おそらくそうではないと思います。みんなが学びながら上手になっていくのです。母という立場であろうと、父という立場であろうと、このことは変わりません。

少子化、核家族化のなかで、子どもの育ちや子育ての様子を見る機会がどんどん減ってきています。それが、今日の子育て問題の一つになっていると思われます。いわば、自然に学ぶ機会が減ってきているのです。そうすると、意図的に学ぶことが必要になります。そのためには、学ぶ必要があるという保護者としての自覚と、それを社会的に準備するという地域や行政の姿勢が必要です。

（4）家庭を切り盛りする主体という存在

家庭は、子どもの養育以外にも、収入の維持、家事、近所との付き合い、必

要な社会サービスの利用など、さまざまな機能を果たしています。詳細は第2章で説明しますが、その機能の多くは保護者によって維持されています。家庭支援においては、このような保護者のおかれている全体状況を視野に入れる必要があります。

　加えて、保護者も一人の人間です。仕事、家事、子育てだけでなく、一人の人間としての時間、自分を大切にする時間も重要です。リフレッシュを目的としたサービス[*3]も家庭支援の一つであるということです。

（5）機能しなければ交代可能な存在

　親は子どもにとって重要な存在です。しかしながら、さまざまな支援を行っても、その機能を果たすことが著しく不適切な状況になった場合、一時的あるいは恒久的に代替の保護者を確保することが必要になります。一時保護、社会的養護、養子縁組などのサービスです。

　生物次元の親を代わりにつくることはできませんが、社会次元あるいは心理次元の育ちに関わる保護者を確保することは可能であるということです。

3　子どもが育つ3つの場

　一般に子どもの育つ環境あるいは社会化の場は、3つあるといわれています。

（1）第一次社会化の場としての家庭

　このうち、家庭は第一次社会化の場といわれます。「家族とは、夫婦関係を基礎として、親子、きょうだいなど少人数の近親者を主要な構成員とする、第一次的な福祉追求の集団である」[*4]。構成員の福祉（生活）を支えていく、もっとも身近な単位が家庭であり、子どもは当然のことながら、生活を支えられる存在ということになります。子どもにとって生活を支えられるとは、育てられる（＝社会化）こと、ということもできます。第一次社会化の場は、子どもの

＊3　ショートステイや一時預かり事業など、ちょっとした用事や疲れに対応するサービス。
＊4　森岡清美・望月嵩『新しい家族社会学（四訂版）』培風館、1997年、p.3。

人生の出発点であり，安全・安心の基地，さらには基本的な生活保障の場であるということができます。

（2）第二次社会化の場としての地域
　しかしながら，乳児期はさておき，子どもは大きくなるにつれ，家庭だけではなく，地域社会との関係のなかで生きていくことになります。地域住民や地域環境が子どもの社会化に影響してくるということです。これを第二次社会化の場といいます。公園，お寺や神社の境内，路地裏，子ども仲間，地域住民との交流など，子どもを取り巻くインフォーマルな環境が，子どもの育ちを支えているということになります。第二次社会化の場は，子どもが初めて出会う，家庭とは異なる小さな社会であり，日常的な生活場面を通じて，非意図的に社会化を行うことが多く，子どもだけでなく，保護者も含めた育ちの場ということができます。

（3）第三次社会化の場としての学校や保育所などの社会制度
　フォーマルな立場で，子どもの社会化を行うのが，学校や保育所などの社会制度です。これを第三次社会化の場といいます。第三次社会化の場は，社会人として生きていくための基礎知識を，多くの場合，意図的な学習等を通じて提供するところに特徴があります。

（4）子どもの育ちの場を総合的に捉える必要性
　一般には，このような3つの社会化の場を通じて子どもは育ちますが，近年は，家庭機能の低下，子育てに限らず，地域住民や地域資源の福祉機能の低下が指摘されています。すなわち第一次社会化の場と第二次社会化の場という，子どもの育ちの初期段階の機能が低下しているということです。そのため，両者の機能を回復する支援を行いつつも，それを代替する社会施策が必要となってきています。保育所や幼稚園における子育て支援機能や，NPOなどの市民活動による新たな社会化資源の創出などです。

家庭支援の取り組みをする際には，少なくとも，このような3つの子どもの育つ場を意識する必要があります。これに，職場など，保護者が暮らす場も加味することになります。

4 家庭支援とは何か

以上のようなことを総合的に考えると，家庭支援とは，子どもの育ちを支えることを目的として，育ちの場の一つである家庭を支援するために，保育所，幼稚園，認定こども園などの社会資源が行う取り組みであるということができます。また，その際には，保護者と子どもとの育てる関係だけでなく，保護者自身の人としての生活の支援，家庭構成員間の人間関係や役割関係など家庭機能の支援，さらには，地域社会との関係の強化など，子どもの育ちという時間軸を含め，生活の全体状況を視野に入れておく必要があります。

2 家庭支援の基本理念

家庭支援の理念は多様ですが，たとえば，表1-3に示すようなものが考えられます。以下，それぞれの理念について簡単に検討していきます。

1 子どもへの適切な関心を高める

家庭支援に期待されていることの一つは，保護者と子どもとの間に長期的な安定関係の基礎を築くことです。子どもに適切な関心をもっていない保護者が，子どもを主体的に育てていくことは困難です。

何が「適切」かについて共通の理解を得ることはなかなか困難ですが，「不適切さ」については，ある程度可能です。たとえば，子どもの育ちの特性や環境との関係を十分理解していない（歪んだ子ども理解），保護者の生活を中心に考え子どもについて関心自体が薄い（ネグレクト），きょうだい・近所の子ども・育児書などと比べて子どもの遅れや育ちの違いを保護者がきつく指摘する（心理的虐待），などはその代表的な例です。

表1-3 家庭支援の5つの理念

① 子どもへの適切な関心を高める
② 子どもと保護者が共に育ち合う関係を育てる
③ 一人ひとりの生きる力を培う
④ 地域とつながり地域の一員となる力を育む
⑤ まちをつくっていく基礎を固める

2 子どもと保護者が共に育ち合う関係を育てる

　保護者が、子どもに対する適切な関心をもつ必要があることを意識化できたら、次は、それを「育ち、育てられる」関係、言い換えると「子どもと保護者が共に育ち合う」関係へと高めていく必要があります。

　子どもは「育てられる」だけの存在ではありません。自ら「育つ」主体でもあります。一方、保護者も、「親として育っていく」必要があります。子どもを産めば、親は生物的には親になったわけですが、社会的次元での親、心理的次元での親になったわけではありません。この2つの側面は、子どもと保護者が共に育ち合う関係にあること、さらにはその必要性を示しています。

3 一人ひとりの生きる力を培う

　保護者も子どももそれぞれ独立した人格の主体であり、それぞれの意思に基づいて自ら生きる力を高めていく必要があります。家庭支援においても、このような保護者と子どもそれぞれの「ひとり立ち」への支援という視点が必要です。エンパワメント[*5]、ストレングス視点[*6]などを考えていくうえで重要なことです。

　「生きる力」とは、何もかも自分で行う力ではありません。疲れたときや、保護者が一人の人間として社会参加をしたい場合には、適切なサービスを利用

[*5] **エンパワメント**　個人・家族・組織・地域などがもっている力を発揮させることを目的に、直接支援をしたり、環境等に働きかけること。市民運動から始まり、現在では社会福祉に限らず、さまざまな専門職の間でも重視されている。

[*6] **ストレングス視点**　個人・家族・組織・地域などがもっている強みに着目した支援視点。ソーシャルワークの発展のなかで、強調されるようになった。

するということも含みます。必要なものを，必要なときに，必要なだけ利用するということ，その決定に関して本人の判断が重視されるということです。

4 地域とつながり地域の一員となる力を育む

私たちの生活は地域との関係を抜きに考えることはできません。親子の生活においても同様です。一人ひとりが自分の生活に責任をもって対処していく際に，地域との関係が弱ければ，地域を核とした生活を営むことは困難でしょう。

そのため，家庭支援においては，保護者と子どもが共に地域の一員として認められるために，地域との関係を構築していくことが一つの目標となります。

5 まちをつくっていく基礎を固める

社会福祉の援助目標の一つは，弱体化しつつある機能的意味での地域社会の力を，伝統的な地縁関係中心ではなく，現代社会のあり方を前提として，主体的存在としての新たな住民意識を再度高めていくことにあります。

家庭支援においてもこれは同様で，家族およびその構成員一人ひとりが地域の一員となることを通じて，新たなコミュニティの形成に資することが，その目標となります。

③ 家庭支援の必要性と意義

1 家庭支援の必要性

ここ30年弱の就学前保育・教育施策の課題の一つは，家庭支援や地域子育て支援です。その理由は，大きく3つ考えられます。

（1）子育て機能の低下

保護者から，子育ての不安や自信喪失の声，あるいは時間的，精神的，身体的負担の声が聞こえてくることがあります。その背後には，①子育てを身近に

見たり，経験したりする機会が減少したことによって，子どもが育つということの実感がなくなってきていること，②細かな保健知識や子育て情報が届けられることにより，主体的な判断ができにくくなっていること，③子育てをサポートする資源やサービスが増え，利用できるものがどこにあるのか，その特徴が何なのかがわかりづらくなっていること，④多様な生き方をすることが尊重される社会となり，子育て以外の生活が重視されるようになっていること，などがあると推察されます。加えて，核家族世帯化や祖父母からの支援の減少など，人的な問題もあります。

（2）地域子育て力の低下

家庭を支えていた地域の子育て力も低下してきています。地域は，子どもの「第二次社会化の場」と既述したように，地域は家族自体を育みつつ，子どもの社会化に関わってきました。一方，土地という意味の地域はなくなったわけではありませんが，「地域社会の崩壊」あるいは「地域社会の再生」という言葉があるように，機能的意味・お付き合いという意味の地域・コミュニティの危うさが指摘されています。地域社会の機能の一つであった子育ての支え合いも当然弱まっているということであり，その再生に向けての取り組みが社会的に行われています。地域子育て支援には，その代替的機能も求められるのです。

（3）在宅子育て層の多さ

保育所にも幼稚園にも所属していない子どもは，家庭に軸足をおいた生活（在宅子育て層）をしています。在宅子育て層がほとんどいなかったり，このような状況でも親子関係が円滑に営まれていればいいのですが，実際には支援の必要な親子が多くあります。また，先の「（1）子育て機能の低下」で示したような状況にある保護者も少なくないということです。就学前の子どもたちのうち，保育所や幼稚園を利用しているものは6割に過ぎません（図1-1）。3歳未満の子どもたちでは，7割程度が自宅あるいは地域で，毎日の生活を送っています。「子育ては親（母親）がするのが当然である」「親が家にいるのだか

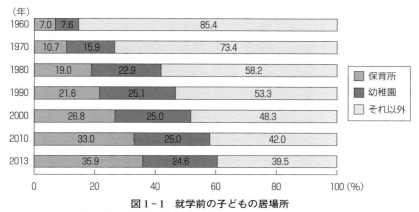

図1-1 就学前の子どもの居場所
出所:「社会福祉施設等調査」,「学校基本調査」より作成。

ら,支援する必要はない」。このような考え方が,長く一般的に広まっており,在宅子育て家庭への支援という考え方は少なかったということです。地域子育て支援においては,3歳未満の在宅子育て層を意識することが必要です。

2 家庭支援の意義

家庭支援には,大きく以下の4つの意義があります。

（1）子ども自身の育ちの社会的支援

児童福祉法では,子どもの育成に関して,権利と責任を表1-4のように規定しています。

まず第1条では,子ども自身に育ちを保障される権利があることを規定しています。続く第2条では,第1項で,国民一般に対して子どもの権利を尊重すべきことと育成の努力義務,第2項で,子どもの育成の第一義的責任は保護者にあること,第3項で,国や地方公共団体にも,子どもの育成の責任があることを明示しています。

家庭支援に社会的に取り組むということは,この児童福祉法の精神を活かすということでもあります。

表1-4　児童福祉法における子どもの権利と育成の責任

第1条　全て児童は，児童の権利に関する条約の精神にのっとり，適切に養育されること，その生活を保障されること，愛され，保護されること，その心身の健やかな成長及び発達並びにその自立が図られることその他の福祉を等しく保障される権利を有する。
第2条　全て国民は，児童が良好な環境において生まれ，かつ，社会のあらゆる分野において，児童の年齢及び発達の程度に応じて，その意見が尊重され，その最善の利益が優先して考慮され，心身ともに健やかに育成されるよう努めなければならない。 2　児童の保護者は，児童を心身ともに健やかに育成することについて第一義的責任を負う。 3　国及び地方公共団体は，児童の保護者とともに，児童の心身ともに健やかに育成する責任を負う。

（2）子どもの養育を核にした保護者の生活全体の支援

　保護者は家庭の維持，就労の継続，地域社会との付き合い，個人の生き甲斐の追求など，多様な生活の側面をもちます。これらが，保護者なりに満足のいくものであればいいのですが，一時的，あるいは継続的にバランスが崩れてしまうことはよくあることです。家庭支援は，保護者の立場に立って，これらのバランスを調整し，生活を円滑に営むようにするという役割も担います。

（3）子どもの養育力の向上

　保護者の子どもの養育力の向上も子育て支援の重要な意義です。直接的には，これを目標にしたり，意義として意識している場合がもっとも多いと考えられます。養育能力には，緊急時などにおける対処能力を身につけることも含まれます。保育者の多くは保育所，幼稚園，認定こども園などの通所型の施設で働いていますが，そこを利用している保護者だけでなく，地域のすべての保護者を視野に入れることが必要です。

（4）地域の福祉力の向上

　家庭支援の最終的目標は，保護者と子どもが地域のなかで，住民とともに生活していく力を身につけていくことにあります。そのためには，地域の側の福祉機能も高めていくということが必要です。かつてとは異なり，地域とのつながりが弱くなっていたり，それ自体を忌避したりしようとする家庭が多くなっ

ています。家庭支援には，地域とのつながりを回復するという意義もあります。つながりですから，地域から家庭へ，家庭から地域へという双方向のアプローチの両方が重要です。家庭支援としてのこのような取り組みが，地域社会の一員としての自覚を高め，その絆を強めることによって，地域の福祉機能が高まるということになります。

3 家庭支援のターゲット

　家庭支援の4つの意義を，具体的な取り組みのターゲットという視点で見ると，大きく以下の4つと考えられます。

(1) 子育ちの支援
　子育ちの支援とは，子ども自身の成長および発達の支援です。子ども自身は本来自ら育つ存在であるし，年齢とともに主体的な意思を有する存在です。

(2) 保護者支援
　保護者支援とは，保護者（親）になるため，あるいは一人の社会人としての生活の支援を意味します。保護者支援は，①保育所や認定こども園などを通じた保護者の就労支援，②一時保育や預かり保育などを通じた保護者の生活支援や心理支援，③園庭開放，子育て相談，子育て講座，保護者交流などを通じた子育て力の向上支援や保護者の仲間づくり，④ショートステイ，代替的養護などの社会的養護サービスや障害福祉サービス，など多様な内容が考えられます。ここでは，子育ての主体としての保護者（親），家族の構成員としての役割，主体としての社会的存在という3つの視点を視野に入れた関わりや取り組みが必要です。

(3) 親子関係の支援
　親子の信頼および愛着関係の基礎形成が不安定ななかで，保護者としての成熟度はますます低下し，「保護者になりきれていない保護者」が，より多く出

現することになります。虐待や放任という例外的と考えられていた状況が，一般の保護者のすぐそばにまで忍び寄っているということであり，子育てをする保護者を「育てる」という視点が必要となります。

（4）育む環境の育成
　先に示したように，子どもの育ちにおいては，第一次社会化の場としての家庭，第二次社会化の場としての地域社会，第三次社会化の場としての専門資源（保育所，幼稚園，認定こども園，学校など），が重要であるといわれます。育む環境の育成とは，そのような社会化の場を形成・育成し，適切な関係を構築することを意味します。

本章のまとめ

　家庭支援においては，保護者と子どもの関係のみならず，保護者自身のおかれている生活状況，地域社会との関係づくりなど，生活のしやすさの支援まで意識することが重要です。その際，子どもは成長していくなかで，主体性を身につけていくということも考慮する必要があります。

第2章
家族・家庭とは

ポイント
1 家族・家庭とは何かを理解しよう。
2 家族が果たす機能について理解しよう。
3 現代の家族関係の特徴を理解しよう。

1 家族とは

1 家族とは何か

　人は誰でも、親のもとに生まれ、出生と同時に親子関係が発生します。その親子関係やきょうだい関係などを含めて「家族」といい、生まれついた家族は「出生家族」（または「定位家族」）と呼ばれます。出生家族は、生まれた子どもにとっては最初に出会う社会であり、子どもの成長・発達をうながす環境の土台であり、家族員に大きな影響を及ぼします。

　その家族（family）とは、どんな人たちでしょうか。家族は、「夫婦関係を基礎として、親子・きょうだいなど少数の近親者を主要な構成員とする、感情融合に支えられた、第一次的な福祉追求の集団[*1]」と定義づけられています。「家族」と聞くと、自分を大事に思ってくれる人たちや、何でも話し合えて支え合う人たち、というイメージをもつ人も多いかもしれません。この定義は、そのようなイメージと合致した定義です。

　しかしながら現代の家族の現実は、この定義にかかわらず、非常に多様化し

＊1　森岡清美（編）『家族社会学（新版）』有斐閣、1983年、p.1。

表2-1 世帯構造および平均世帯人員の年次推移

年次	総数	世帯構造						平均世帯人員
		単独世帯	夫婦のみの世帯	夫婦と未婚の子のみの世帯	ひとり親と未婚の子のみの世帯	三世代世帯	その他の世帯	
	推計数（単位：千世帯）							（人）
1975年	32,877	5,991	3,877	14,043	1,385	5,548	2,034	
1986年	37,544	6,826	5,401	15,525	1,908	5,757	2,127	3.22
1989年	39,417	7,866	6,322	15,478	1,985	5,599	2,166	3.10
1992年	41,210	8,974	7,071	15,247	1,998	5,390	2,529	2.99
1995年	40,770	9,213	7,488	14,398	2,112	5,082	2,478	2.91
1998年	44,496	10,627	8,781	14,951	2,364	5,125	2,648	2.81
2001年	45,664	11,017	9,403	14,872	2,618	4,844	2,909	2.75
2004年	46,323	10,817	10,161	15,125	2,774	4,512	2,934	2.72
2007年	48,023	11,983	10,636	15,015	3,006	4,045	3,337	2.63
2010年	48,638	12,386	10,994	14,922	3,180	3,835	3,320	2.59
2013年	50,112	13,285	11,644	14,899	3,621	3,329	3,334	2.51

注：1995年の数値は，兵庫県を除いたものである。
出所：厚生労働省「国民生活基礎調査（平成25年）」2014年より筆者作成。

ています。たとえば，子どもにとって祖父母は家族でしょうか。離婚により子どもと同居しなくなった親は子どもにとって家族でしょうか。また，気持ちの通っていない夫婦や親子は家族といえるでしょうか。誰を自分の家族と考えるかという認識（family identity）は，それぞれの人の意識のなかにあるため，個人によって異なります。また，どのような考えが正しく，どのような考えが間違っているということもいえません。かつての概念や定義，一般論もあらゆる人に通用するのは難しくなっています。それぞれ個人の家族についての意識は尊重されなければなりません。

また，家族の形態もさまざまです。家族の範囲は明確に決められてはいないため，「世帯」という概念を用いて家族を把握します。戦後の家族を世帯で見ると，一貫して拡大家族（三世代世帯）が減少し続けていることがわかります。一方，いわゆる核家族（夫婦のみの世帯，夫婦と未婚の子のみの世帯，ひとり親と未婚の子のみの世帯）の世帯数は増加しています。また，単独世帯の増加も目

第 2 章 家族・家庭とは

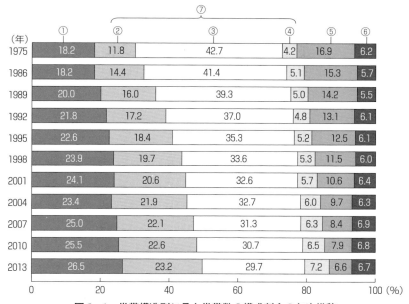

図 2-1 世帯構造別に見た世帯数の構成割合の年次推移

注：①単独世帯，②夫婦のみの世帯，③夫婦と未婚の子のみの世帯，④ひとり親と未婚の子のみの世帯，⑤三世代世帯，⑥その他の世帯，⑦核家族世帯。
出所：厚生労働省「グラフでみる世帯の状況」2014年より一部改変。

立ち，これらの変化から，平均世帯人員は，1953年には5.00だったのが，2013年には2.51となっており，年々減少しています（表2-1，図2-1参照）。

2 家制度的家族から近代家族へ

産業革命以前の家族は，現在の家族とは異なる点が多くありました。日本では，戦前の家族は「家制度」によって規定されていました。家制度では，戸主が家族員を統率すること，長男が家督相続してそれ以外のきょうだいには相続権はないこと，男女は平等ではなく既婚女性の経済的権利は制限されていたこと，などの特徴が見られました。この時代は，多くの家庭は第一次産業に従事しており，その基盤を世代を越えて守るために家族のなかで跡取りが必要でした。また，子どもをたくさん産み，親と同居することによって多くの労働力を

17

表2-2 近代家族の特徴

1	家内領域と公共領域の分離
2	家族成員相互の強い情緒的関係
3	子ども中心主義
4	男は公共領域・女は家内領域という性別役割分業
5	家族の集団性の強化
6	社交の衰退
7	非親族の排除
8	核家族

出所:落合恵美子『21世紀家族へ――家族の戦後体制の見かた・超えかた(第3版)』有斐閣,2004年より一部改変。

確保することが重要でした。さらに,絶対的な権限をもつ人に従属するという家制度のシステムは,社会全体を統率する制度としても有効でした。

戦後,民法が大きく改正されて家制度が廃止となり,男女平等で民主的な家族を目指す,現代の家族となりました。この家族は,「近代家族」と呼ばれ,戦後の産業化・近代化とともに広まりました。近代家族の特徴は,表2-2のとおりです。

近代家族の特徴は現代でも多くの家族にあてはまり,現代の家族もこの特徴をもち続けています。私たちは,時代を超えて家族はこのようなものであったと考えるかもしれません。しかし,それは違います。近代家族は産業革命以降の家族であり,日本でこの家族が一般化したのは戦後のことにすぎません。ごく最近広まった特徴なのです。

近代家族が一般化したのはいくつかの理由がありますが,もっとも大きな理由は,産業構造の変化です。第一次産業が衰退し,第二次・第三次産業が一般化することにより,勤め人が増えました。そのため,跡取りや労働力は必要ではなくなりました。また,職住分離が進んだことで,仕事に従事する人(男性)と家庭に残って家事・育児に従事する人(女性)とに分かれました。そして,仕事の多い都市部に若者が流入して都市化が進み,家族人員数は減少しま

＊2 第一次産業とは,農業・牧畜業・水産業・林業・狩猟業などの産業のこと。第二次産業とは,製造業・鉱業・建設業・ガス電気事業などが含まれる。第三次産業とは,商業・運輸通信業・金融業・公務,その他のサービス業が含まれる。

した。

　また，近代家族は，3歳児神話や母性神話といった，育児にまつわる規範を生み出しました。3歳児神話とは，「子どもが3歳くらいになるまでは母親が育児に専念をしないと，将来子どもに悪影響が起こる」という考え方です。また母性神話とは，「女性には生まれつき母性が備わっており，子どもをもてば自然に子どもの世話をしたくなるものだ」という考え方です。いずれも，近代家族の成立と同時に広まったものであり，昔から存在する考えではありません。現代でも根強く支持されていますが，これらを支持する科学的根拠はありません。

3 | 家庭という言葉

　家族と類似した言葉で，家庭という言葉があります。家庭（home）とは，家族が集う空間のことをいいます。この言葉には，温かい雰囲気や団らんといった意味が含まれることも多くあり，家族員が一つ屋根の下，支え合いながら暮らすイメージが含まれています。家庭にこのような明るいイメージが伴うことになったのは，やはり近代化以降のことです。それ以前は，家庭は温かい支え合いの場というよりも，家制度に基づく封建的な場，生産のための場でした。

② 家族の機能

　家族は，家族員たる個人や社会に対して，さまざまな働きをしています。そうした働きのことを，機能（function）といいます。家族はどのような機能を果たすことを期待されているのでしょうか。

　家族には，かつて，多くの機能がありました。オグバーン（Ogburn, W. F.）は，近代化以前の家族には，①生産単位としての経済機能，②メンバーを社会的に位置づける地位付与の機能，③子どもに基礎的・専門的な知識や技術を伝える教育機能，④家族メンバーの生命・財産を守る保護機能，⑤日常的な信仰活動を通じて家族メンバーの精神的安定と結束を図る宗教機能，⑥家族全体の

表2-3 家族の機能

	対個人的機能	対社会的機能
性的機能	性的・情愛的充足	性的統制
生殖・養育・社会化機能	子孫をもつ欲求の充足	社会成員の補充(種の再生産)
生産機能	収入の獲得	労働力の提供と生産
経済的機能	基本的・文化的欲求の充足、依存者の扶養	生活保障
教育機能	基礎的・専門的知識と技能の伝授	文化の伝達
保護機能	家族員の生命・財産の保護	社会秩序の安定化
休息・娯楽機能	家族員の活動エネルギーの補充	社会秩序の安定化

出所:石川実(編)『現代家族の社会学』有斐閣,1997年,p.71をもとに筆者作成。

安らぎを図るレクリエーション機能,⑦家族メンバー同士の慈しみや思いやりといった愛情機能,の7つの機能があったとしています[*3]。しかし,近代化の進展により,愛情機能以外の6つの機能は衰退するか,家族以外の機関や制度に外部化されるといっています。近代化によって勤め人が増え,家庭内での生産が縮小し,跡取りの重要性や家族のもつ信仰も薄くなりました。また,養育や教育も保育所や学校などの制度に頼るところが大きくなり,余暇も家族だけで楽しむわけではなく,気の合う友達や一人で楽しむようにもなっています。家族の機能は,社会の進展とともに,縮小するともいえますし,愛情機能に特化しているともいえます。

また,特に子育てをしている家族の機能を,対個人的・対社会的の両側面から見たものが,表2-3です。

子育て中の家庭においてもっとも重要な機能は,「性的機能」「生殖・養育・社会化機能」です。子どもは家族から愛情を受けて育ち,欲求を満たします。子どもが成長・発達し,将来的に自立をするために,家族は重要な役割を果たします。そのため,十分養育ができるよう,社会的に支援をすることが不可欠です。また,家族員が安心して生活するために,収入を得る必要があります。家族の暮らしのために働いたり,社会に対して労働者を送り出す機能を「生産機能」といいます。そこで得た収入により,欲求を満たしたり,子どもや高齢

[*3] Ogburn, W. F. (1933) "The Family and its Functions." The President's Research Committee on Social Trends eds., *Recent Social Trends in the United States*, McGraw-Hill, 661-708.

者に対する生活保障となる「経済的機能」をもっています。子どもは家庭内で知識や技能，文化を学びますが，これは「教育機能」です。教育というと学校が大きな役割を占めるものの，それでも家庭は基本的生活習慣を身につける等，重要な役割を果たします。また，家族員を守ったり，エネルギーを補充したりする「保護機能」「休息・娯楽機能」は，社会秩序の安定化につながります。

しかし，現代の家族は皆多忙であったり，考え方も多様化しているため，家族機能の外部化が進み，これらすべての機能をどの家庭でも果たしているわけではありません。そんななか，現代の家族に残されたもっとも重要な機能は，愛情といった精神的充足と子どもを生み育てることといわれています。家族の機能が縮小してもなお，家族員同士の心理的絆とそれに基づいて子どもを育てることは家族が果たすべき役割だと考えられているのです。特に子育ての機能は家族，とりわけ母親に対する期待は大きく，「子どもをきちんと育てなければいけない」というプレッシャーは，薄らぐことはなく，むしろ現代の母親たちに大きくのしかかっています。

③　現代の家族関係

時代や文化によって家族のあり方は異なります。そして，その特徴を踏まえ，どのような子ども家庭支援が必要なのか考えなければなりません。

1｜世帯規模の縮小による家族機能の縮小

現代は，高度経済成長期に核家族をつくった団塊の世代の子どもたち（第二次ベビーブーム世代：1971〜1974年生まれ）がすでに独立する年齢に達し，そのため高齢者を中心に単独世帯や夫婦のみ世帯が増加しました。また，出生児数の減少も，世帯規模の縮小の原因となっています。家族員の数が減少し，そのために家族内で果たせる機能も縮小しています。

2 性別役割分業による子育ての母親への偏り

　戦後に広まった近代家族では、職住分離が進みました。男性が家庭外で仕事に従事し、女性が留守を預かって家事・子育てに専念しはじめ、性別役割分業が一般化したのです。かつては家族や地域のいろんな人たちが関わっていた子育てを、母親が一手に引き受けるようになりました。同時に母親の子育てへの期待も大きくなり、子育て不安や子育てストレスといった現象が見られるようになりました。

　現在は、意識の面では分業意識は薄らいできているものの、実態の面では性別役割分業が根強く残っています。そのため、子育てを行うのは専ら母親に偏っており、男性の子育て参加は少しずつ進んできてはいるものの、まだまだ子育ては母親が中心となっているのが現状です。

3 地域からの孤立と地域社会の崩壊

　家庭と地域とのつながりが薄らいでいることは、みなさんもよくご存知のことと思います。子育てをはじめとしたさまざまな機能を果たすのは家庭の役割ではありますが、家族だけでは機能することが難しく、地域の支援があってこそ、十分に機能を果たすことができるのです。

　子どもを社会化する第一の責任は家庭にありますが、地域もその役割の一部を担っています。地域の人たちは子どもを見守り、悪いことをした子どもを叱責し、また家族ではないさまざまな人との付き合い方なども地域で学びます。

　地域はどんな人にとっても助け合いの場です。しかし、家庭を支える地域の機能は薄らぎ、各家庭は地域から孤立しています。かつては家庭のみならず地域でも育てられていた子どもたちは、現代では、ほとんど家庭内だけで、しかも専ら母親が中心となって育てられることになりました。

4 家族の多様化

　近年、家族が多様化しています。大人数の家族もあれば単身や少人数で暮ら

す家族もあり，父親が家事・子育てを行い母親が職業労働に従事する家庭もあります。また，ステップファミリー*4や両親が同性である家族，国際結婚による家族などもあります。家制度時代には存在していた「家族とはこういうものだ，こうあるべきものだ」という規範は薄らぎ，さまざまな考え方に基づいたさまざまな家族が存在するようになりました。それらの家族は，それぞれ尊重されなければなりません。

5 共働き化による母親への過重負担

現代は共働き化が進み，「夫は仕事，妻は家事・育児」という性別役割分業も変わりつつあります。しかしながら，妻の職場進出は進んだものの，夫の家庭進出は進んでおらず，未就学児のいる父親の育児時間を世界的に見ると，日本の父親の育児時間はかなり短いのが現状です（図2-2）。そこには，「夫は仕事，妻は仕事と家事・育児」という新・性別役割分業が存在し，母親たちはさらに過重な負担を強いられるようになっています。

6 家族への思い

過去と比較して家族が果たす機能が縮小したり，価値観の多様化によって家族形態がさまざまになったり，家族をめぐる問題が後をたたなかったり，家族の現実はかなり変容しています。ここで，人々は，家族についてどのように考えているかという意識面を検討します。

20歳以上の男女への調査結果を示した図2-3によると，「あなたにとって一番大切と思うものはなんですか」という問いに対して，「家族」という回答が年々増加し，2013年には44%と半数近くを占めています。1958年には，「生命・健康・自分」がもっとも多く，それに「愛情・精神」「金・財産」が続き，家族への支持は低いものでした。戦後に一貫して，家族の重要性が増してきたということがわかります。

＊4 **ステップファミリー（stepfamily）** 子どもをもった男女の離婚・再婚により，血縁関係のない親子関係・兄弟姉妹関係が生じた家族。本書第13章参照。

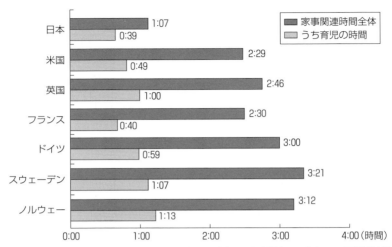

図2-2 6歳未満の子どもをもつ夫の家事・育児関連時間（1日当たり・国際比較）

注：日本の数値は、「夫婦と子どもの世帯」に限定した夫の1日当たりの「家事」、「介護・看護」、「育児」及び「買い物」の合計時間（週全体平均）である。

資料：Eurostat "How Europeans Spend Their Time Everyday Life of Women and Men" (2004), Bureau of Labor Statistics of the U.S. "American Time Use Survey" (2013) および総務省「社会生活基本調査」(2011年) より内閣府作成。

出所：内閣府『少子化社会対策白書（平成27年版）』日経印刷，2015年。

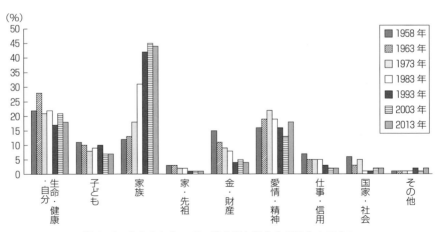

図2-3 あなたにとって一番大切と思うものはなんですか

出所：統計数理研究所「日本人の国民性調査 集計結果」(http://www.ism.ac.jp/~taka/kokuminsei/table/index.htm：2016年4月10日閲覧) より筆者作成。

本章では，家族の時代による変遷，家族機能の縮小，現代の家族関係，家族の多様化などについて検討してきました。そのなかで，家族同士の情緒的絆が強まり，何よりも一番大切だという価値観は，家族の変化と共に戦後徐々に広まったものであることがわかりました。それは，地域や職場や友人関係などさまざまな人間関係が希薄になるなか，家族は自分にとって大切な存在であってほしいという期待や，家族は大切にしたい・されたいという考えのあらわれといえるでしょう。

　家庭支援は，このように，子どもにとって大切な場である家庭，そしてますます人々の意識のなかで大切にされている家族を支えることです。親子や夫婦が気持ちを通い合わせ，安定した生活ができるように，ニーズに合った支援が必要です。

本章のまとめ

　家族の形態や機能，規範などは，時代や環境により異なります。近年は，家族に対する価値観や現実も多様化しています。支援をするにあたっては，どのような家族も尊重し，十分に機能するよう心がけることが大切です。

■参考文献

石川実（編）『現代家族の社会学』有斐閣，1997年。
落合恵美子『21世紀家族へ――家族の戦後体制の見かた・超えかた（第3版）』有斐閣，2004年。
加藤邦子・牧野カツコ・井原成男・榊原洋一・浜口順子（編著）『子どもと地域と社会をつなぐ家庭支援論』福村出版，2015年。
統計数理研究所「日本人の国民性調査　集計結果」(http://www.ism.ac.jp/~taka/kokuminsei/table/index.htm：2016年4月10日閲覧）。

第3章

子育て家庭を取り巻く社会環境

● ● ●

> ポイント
> 1 社会の変容と現代の子育て環境について理解しよう。
> 2 ライフコースの多様化と子育て意識について考えよう。
> 3 男女共同参画とワーク・ライフ・バランスについて理解しよう。

① 社会の変容と子育て

1 │ 少子化と子どもの価値の変化

　日本はいま，少子化が急速に進んでいます。少子化は，社会保障制度をはじめ，個人，地域，企業，国家に至るまで多大な問題が生じる重大な危機的状況であるといわれています。合計特殊出生率とは，15〜49歳までの1人の女性が生涯で産む子どもの数の平均値であり，2014年は1.42です。2005年の，過去最低の合計特殊出生率1.26よりはやや回復しました。しかしながら，現在の人口を保つために必要な人口置換水準は，2.07であり，図3-1のように，その水準にはまったく及んでいません。

　合計特殊出生率の低下の大きな理由の一つには，産業化による子どもの価値の変化があげられます。第二次世界大戦後，経済発展により，産業の中心は農業などの第一次産業から，工業などの第二次産業，商業やサービス業などの第三次産業へ急速に変化しました。農業を営む家庭では，子どもが成長すると家業の働き手となり，子どもを多く生み育てることは家族が増えることに加え，一家の繁栄をも意味していました。また乳児死亡率も現在より高く，まさに多産多死の時代でした。高度経済成長に伴って産業構造が変化すると，多くの人

第3章　子育て家庭を取り巻く社会環境

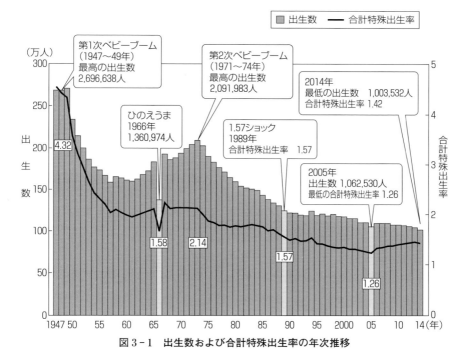

図3-1　出生数および合計特殊出生率の年次推移
出所：厚生労働省「平成26年人口動態統計月報年計（概数）の概況」2015年，p.4より作成。

は職場に通勤して働き，給料をもらう働き方に変化しました。医療の進歩により乳児死亡率の低さは世界トップクラスとなり，まさに少産少死の時代となりました。

　現在，教育費は高く，大学まですべて公立でおよそ1,200万円かかるといわれています。子どもにかかる教育費は増え続けており，子どもを多く産むとその分経済的な負担が大きくなると考えられるようになりました。このように，経済発展に伴う主たる産業構造の変化により，子どもの価値は大きく変わりました。

2 │ 現代日本における少子化の要因とは

　1990年代以降，国は少子化対策を進めてきました。合計特殊出生率はやや上

昇してきたものの，抜本的な解決には至っておらず，これまでの政策や少子化に関する研究は見直されました。少子化対策は当初，働く女性の仕事と子育ての両立支援を中心に実施されましたが，それだけでは不十分であり，さらなる家庭支援が必要であると再検証されました。

　現在，少子化の主な要因は，①若年層の非正規雇用の増加と低収入による未婚化，②教育費などの経済的不安，③晩婚化に伴う出生力の低下，④日本的雇用による長時間労働がもたらす男性の育児参加への制限，⑤女性の仕事と子育ての両立に関する難しさ，⑥核家族化や地域のつながりの乏しさによる共同養育の減退，にあるのではないかと考えられています。子どもを生み育てやすい国にするために，労働時間や働く場所の選択肢の多様化，同一労働同一賃金など働き方の見直しや，希望する者が結婚し，安心して子どもを産み育てることができる経済的支援，社会全体が未来を担う子どもに価値をおき，子育て家庭を支えていく仕組みなどが求められています。

2　現代の子育て環境

1　地域社会におけるつながりと子育て

　経済や社会環境の変化は，地域社会における人々のつながりに影響を与えました。日本は農業を中心に村落社会を基盤として，家族，地域が協力して生活を営んできました。地域に住む人々はお互いを熟知しており，困難が生じれば隣近所で助け合う関係が当たり前のようにありました。

　しかしながら，高度経済成長期以降，産業構造の変化により，仕事を得るために居住地を移動し，都市に人口が密集すると，マンションの隣の家には誰が住んでいるかわからないというように，核家族化に加えて近隣関係が希薄化し，協力し合える関係を築くことが難しくなってきました。

　地域社会で助け合う関係が根づいている場合，子どもが生まれると近隣に住む多くの人々はその家庭に祝福にかけつけます。まさに子どもの存在そのもの

が肯定された関係のなかで、子育てが始まるのです。一方、孤立化した子育ては、「泣き声で近隣に迷惑をかけてしまうのではないか」、「虐待だと思われて通報されてしまうのではないか」といった負の心配が生じます。小さい子どもと接する経験がほとんどないまま親となる人は増えており、赤ちゃんがなぜ泣いているのかわからず、けれども周りに迷惑をかけないようにと必死に泣きやませようとする、不安に包まれながら始まる子育てともいえます。孤立化した子育て環境のなかで、支援の手を差し伸べてくれる人がおらず、子育て不安を抱える保護者は増加しています。

ベネッセ次世代育成研究所の「第2回妊娠出産子育て基本調査（横断調査）報告書」より、近所づきあいに関する項目をみると（図3-2）、子どもを預けられる人が一人もいないという割合は、2006年は妻55.6％、夫57.6％でしたが、2011年は妻58.7％、夫61.8％と増加しています。また、子育ての悩みを相談できる人が一人もいないという割合は、2006年は妻22.7％、夫45.7％でしたが、2011年は妻27.6％、夫49.3％と増加しています。近所に子どもを預けたり、子育ての悩みを相談できる人がいないなかで子育てをする保護者が増えていることが理解できます。

2│子育て世帯の経済的な不安定さ

子育て世帯の収入は減少しています。すべての年齢において非正規雇用が増えており、特に若者層の収入が低下しています。子育て世帯の例として、30歳代前半の年収をみると、1990年代後半では400万円台後半（1997年の492.5万円がピーク）だったのが、近年では400万円台前半（2012年では425.8万円）と大きく低下しています[*1]。2000年頃より30歳代で収入の減少が目立ちます。また、非正規雇用の場合、年収水準は正規雇用の約半分です。

「若年層の非正規雇用の増加と低収入による未婚化」や「教育費などの経済的不安」は現代の少子化の大きな要因で、子育て世帯の収入の増加を図ること

＊1　厚生労働省「男女別・年齢別正規雇用の労働者の年収推移」『厚生労働白書（平成25年版）』日経印刷、p.101。

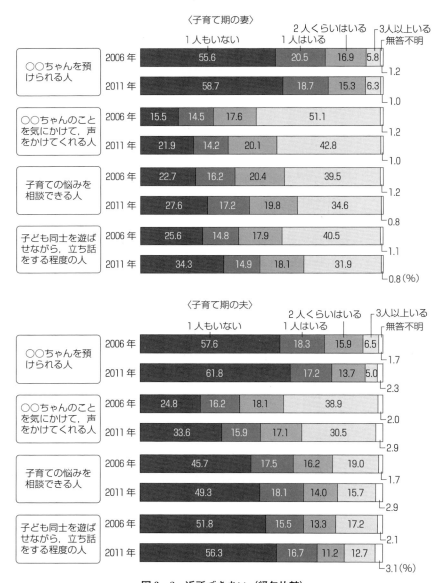

図3-2 近所づきあい（経年比較）

出所：ベネッセ次世代育成研究所「地域での子どもを通じたつきあい」『第2回妊娠出産子育て基本調査（横断調査）報告書』2012年, p. 79を一部改変。

第3章　子育て家庭を取り巻く社会環境

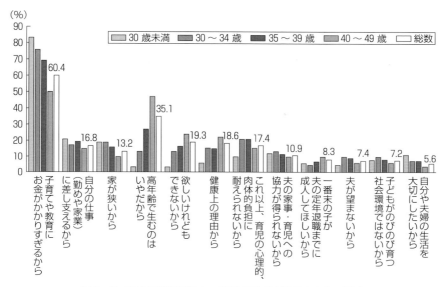

図3-3　妻の年齢別に見た，理想の子ども数をもたない理由

注：対象は予定子ども数が理想子ども数を下回る初婚同士の夫婦。予定子ども数が理想子ども数を下回る夫婦の割合は32.7%。
資料：国立社会保障・人口問題研究所「第14回出生動向基本調査（夫婦調査）」2010年。
出所：内閣府『少子化社会対策白書（平成27年版）』日経印刷，2015年，p.14。

は大きな課題です。図3-3からもわかるように，「子育てや教育にお金がかかりすぎるから」というのが理想の子ども数をもたない最大の理由となっています。経済的な不安定さにより，夫婦が希望する子ども数をもてない状況があります。経済的な不安を解消するためには，世帯収入の増加のみならず，たとえば児童手当の増額や幼児教育の無償化，子育て支援サービスの拡充など，社会保障面からも子育て世帯の経済的安定を促す環境整備を図り，社会全体として子育て世帯を支えていくことが求められます。

3 │ 子どもが育つ環境と子どもを育てる環境の変化

　1970年代の高度経済成長期以降，子どもが育つうえで大切な，空間・時間・仲間の3つの間の確保が難しい時代が到来したといわれています。子どもが子どもらしく遊ぶことのできる空間，子どものペースで過ごすことのできる時間，

子どもの遊び仲間，それらを確保することが難しい社会のなかで，保護者は日々子育てをしています。さらに現代は，日常生活にテレビや携帯電話，携帯型液晶画面による動画，ゲームなどの電子機器があふれています。人類は共同養育を前提として進化してきたといわれていますが，地域社会とのつながりが乏しいなかで，それらの電子機器を駆使して日々子育てに奮闘せざるを得ない人もいます。一見大人にとって便利であると思われるこういった電子機器は，育児や子どもの育ちにどのように影響するのでしょうか。電子機器の利用を制限したり，子どもの育ちを重視した適切な利用方法を検討するなど，新たな課題が生まれています。それと同時に，子どもが子どもらしく遊ぶことのできる時間や空間，仲間を確保することや，多くの人に愛されて育つ意義を改めて問い直す必要があります。子育て情報についても，育児書のみならず，インターネットで悩みに関する情報を用語検索したり，問い合わせをする姿があります。さまざまな考え方や知識があふれる情報のなかで，保護者はどのように選択し，子どもと自分自身に合った方法を考えていくのでしょうか。保護者もこれまでにはなかった新たな時代を生きているのです。

3 ライフコースの多様化と子育て意識

1 ライフコースの多様化

　人が生まれてから死に至るまでのライフコースは多様化しています。伝統的な社会では，個人がどのような人生を生きるかについて考える余地は少なく，経済状況や出自，性別などによって，ライフコースはある程度決まっていました。しかしながら1980年以降，女性の社会進出に伴い，晩婚化や非婚化が進み，ライフコースは大きく変化しました。さらに2000年代には経済的な不安定さによる非正規雇用が増加し，非婚化が加速すると，本格的に多様化しはじめました。

　図3-4は，女性の理想と予定のライフコース[*2]を示したものです。一番割合

第3章 子育て家庭を取り巻く社会環境

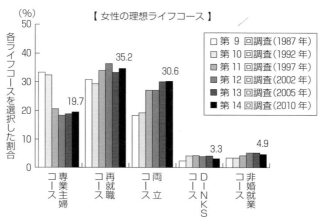

【設問】女性の理想ライフコース：(第9～10回調査)「現実の人生と切りはなして，あなたの理想とする人生はどのようなタイプですか」，(第11～14回調査)「あなたの理想とする人生はどのタイプですか」。

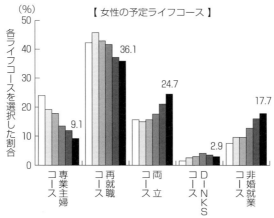

【設問】女性の予定ライフコース：(第9～10回調査)「これまでを振り返った上で，実際になりそうなあなたの人生はどのようなタイプですか」，(第11～14回調査)「理想は理想として，実際になりそうなあなたの人生はどのタイプですか」。

図3-4　調査別に見た，女性の理想・予定のライフコース

注：対象は18～34歳未婚者。その他および不詳の割合は省略。
出所：国立社会保障・人口問題研究所『第14回出生動向基本調査　結婚と出産に関する全国調査　独身者調査の結果概要』2011年，p.11より一部改変。

が大きいのは，理想，予定共に，再就職コースです。未婚女性が理想とするライフコースは，1990年代後半に専業主婦コースが減り，両立コースが増えました。一方，女性が実際になりそうだと考える予定ライフコースは，専業主婦コースが減り，両立コースおよび非婚就業コースの増加傾向が続いています。

2│子育てに関する意識

現代の若者の「子どもをもつことについての考え方」は，図3-5のように，「子どもがいると生活が楽しく豊かになる」「子どもをもつことは自然なことである」とする回答の割合が高く，実際は子どもがいることによる経済的，身体的，精神的な負担よりも，子どもをもつことは自然であり，日々の生活を豊かにしてくれる存在であると考えている人が多いことがわかります。

しかしながら，子育てに不安を抱く人は多く，『少子化社会対策白書（平成27年版）』によると，「子育ての不安要素」として，「経済的にやっていけるか」が63.9％ともっとも高く，次いで「仕事をしながら子育てをすることが難しそう」（51.1％），「きちんとした子どもに育てられる自信がない」（40.7％），「子育てするのが大変そう」（37.0％）と続きます。[*3]

これらのことから現代の若者は，子どもをもつことは自然であり，生活を楽しくしてくれる存在であると考える一方で，経済的な不安や仕事との両立に対する不安，子育て行為に対する不安や負担を感じていることがわかります。

[*2] 「専業主婦コース」とは，結婚し子どもをもち，結婚あるいは出産の機会に退職し，その後は仕事をもたないコース。「再就職コース」とは，結婚し子どもをもつが，結婚あるいは出産を機会にいったん退職し，子育て後に再び仕事をもつコース。「両立コース」とは，結婚し子どもをもつが，仕事も一生続けるコース。「DINKSコース」とは，結婚するが子どもはもたず，仕事を一生続けるコース。「非婚就業コース」とは，結婚せず，仕事を一生続けるコース。

[*3] 内閣府「コラム　結婚・家族形成に関する意識調査について」『少子化社会対策白書（平成27年版）』日経印刷，2015年，p.33。

第3章 子育て家庭を取り巻く社会環境

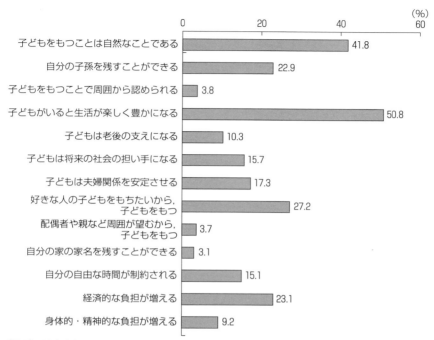

【設問】子どもをもつことについての考え方でもっとも近いものを3つまで選んでください。

図3-5 子どもをもつことについての考え方

注：「その他」・「特にない」については、掲載を省略している。
出所：厚生労働省（編）『厚生労働白書（平成25年版）』日経印刷, 2013年, p.94。

④ 男女共同参画とワーク・ライフ・バランス

1 男女共同参画

　男女共同参画とは，男性も女性も社会のなかで対等であり，自分の意思によって社会のあらゆる分野の活動に参画し，均等に政治的，経済的，社会的および文化的権利を享受できることを意味しています。そういった社会を構築することにより，職場の活気，家庭生活の充実，地域力の向上が期待されています。

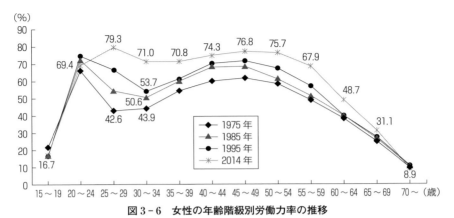

図3-6 女性の年齢階級別労働力率の推移

注：1）総務省「労働力調査（基本集計）」より作成。
　　2）「労働力率」は，15歳以上人口に占める労働力人口（就業者＋完全失業者）の割合。
出所：内閣府『男女共同参画社会白書（平成27年版）』勝美印刷，2015年，p.51。

　日本では，1985年に男女雇用機会均等法，1999年に男女共同参画社会基本法が成立しました。法律では，①男女の人権の尊重，②社会制度・慣行を性について中立的なものとする配慮，③政策などの立案・決定に関する男女の共同参画，④家庭生活とほかの活動との両立，⑤国際的協調，の5つの柱が掲げられています。

　働く女性が妊娠や出産に関連して職場において受ける精神的，肉体的嫌がらせを「マタニティハラスメント」といいます。このような行為は男女雇用機会均等法で禁止されていますが，日本の企業は男性中心に構築されてきた歴史が長く，働く女性への理解が足りないために，実際は深刻化しています。

　女性の年齢別労働力率を見ると，図3-6のように20歳代後半と40歳代後半に2つのピークがあります。これをM字カーブあるいはM字型就労などといいます。女性は出産・子育て期にいったん仕事を中断し，再就職する形となっています。

　欧米先進国の女性も，かつてはM字カーブを描いていましたが，現在は台形型です。日本でも近年，M字部分の底が上昇してM字カーブのくぼみが浅くなっています。これは子どもを産み育てる時期に，離職しない女性が増えている

とも考えられがちですが、そうではなく、晩婚化、未婚化により、20歳代後半から30歳代前半の働く未婚女性が増えたことが大きな理由であるといわれています。出産前に仕事をしていた女性の6割は出産を機に退職しており、実はこの割合は従来とあまり変化していません。働きたい女性が働き続けることができるよう、職場環境の整備や、保育環境の充実が求められています。

2 ワーク・ライフ・バランス

ワーク・ライフ・バランスとは、仕事と生活の調和を意味します。人生のどのようなライフステージにおいても、男女ともに、仕事、家庭、地域などにおいて、自らが希望するバランスで生活できる状態のことを指します。国民一人ひとりが、やりがいや充実感を感じながら働き、仕事上の責任を果たすとともに、家庭や地域社会などにおいて、人生の各段階に応じて多様な生き方を選択できる社会の実現が望まれています。

わが国では、1990年代終わりにファミリー・フレンドリー政策として、主に仕事と家庭生活の両立のための政策の重要性が指摘されました。2006年にはOECD新雇用戦略において、ファミリー・フレンドリーな取り組みの促進や柔軟な労働時間制度の導入が加盟国に対して勧告されました。翌年には、「仕事と生活の調和(ワーク・ライフ・バランス)憲章」が制定されました。2010年の改定では、ディーセント・ワーク(働きがいのある人間らしい仕事)の実現も期待されています。

子どものいる女性が仕事をもつことは、家庭の経済的な安定、個人の自己実現、日本経済の安定など、さまざまな恩恵をもたらします。しかしながら、意に反した長時間労働や休暇取得の難しさなどが重なると、個人の生活が尊重された働き方が難しくなる可能性があります。家庭を支える環境が十分でない場合、子育てや家事時間の制約、睡眠時間の短縮、精神的・肉体的疲労の蓄積など、さまざまな困難に直面しながら日々生活したり、あるいは離職という選択を取らざるを得なくなってしまいます。

伝統的な性別役割分業を望む女性が多いともいわれますが、実際は、日本人

的な働き方と育児とのバランスを懸念して，現状の働き方で仕事を続けるならば，専業主婦を選択すると考える人が多いのかもしれません。

　一方で，父親が育児に携わる時間は果たして増えたのでしょうか。母親の育児休業取得率が8割を上回っているのに対し，父親の育児休業取得は100人に2人程度にとどまっています。育児休業に関する所得補償率は，育児休業取得後6か月までが67％，6か月以降が50％です。父親が育児休業を取得すればするほど家庭は経済的に苦しくなる状況にあることや，未だ一般的でないために仕事を休めば昇進・昇格が遅れる心配をもたざるを得ない風潮が関係しています。労働時間の長さも，日本の父親を家庭から遠ざけ，積極的に育児に携わる時間を確保しづらい要因です。

　スウェーデンでは，ワーク・ライフ・バランスのことをライフパズルと呼ぶそうです。人生のさまざまな変化にあわせて，バラバラになっているパズルを組み合わせるように，自分のライフスタイルを見直し，組み立てることを意味します。仕事と生活の理想的なバランスについて模索し，話し合い，実現していくことは，子どもをもつ家庭のみならず，すべての人が置かれた状況のなかでその人らしく幸せに生きることにつながります。

本章のまとめ

　社会の変容による子どもの価値の変化，そして未婚化，晩婚化，核家族化などにより少子化はもたらされました。結婚し，安心して出産，育児できる経済的支援，ワーク・ライフ・バランス，子育て支援サービスは必須の課題です。

■ 参考文献

松田茂樹『少子化論――なぜまだ結婚，出産しやすい国にならないのか』勁草書房，2013年。

牧野カツコ・渡辺秀樹・舩橋惠子・中野洋恵（編著）『国際比較にみる世界の家族と子育て』ミネルヴァ書房，2010年。

柏木惠子『子どもが育つ条件――家族心理学から考える』岩波書店，2008年。

筒井淳也『仕事と家族――日本はなぜ働きづらく，産みにくいのか』中央公論新社，2015年。
渡辺秀樹・竹ノ下弘久（編）『越境する家族社会学』学文社，2014年。
根ヶ山光一・柏木惠子『ヒトの子育ての進化と文化――アロマザリングの役割を考える』有斐閣，2010年。
武石惠美子（編著）『国際比較の視点から日本のワーク・ライフ・バランスを考える――働き方改革の実現と政策課題』ミネルヴァ書房，2012年。
新保育士養成講座編纂委員会（編）『家庭支援論――家庭支援と保育相談支援』全国社会福祉協議会，2011年。
加藤邦子・牧野カツコ・井原成男・榊原洋一・浜口順子（編）『子どもと地域と社会をつなぐ家庭支援論』福村出版，2015年。

第4章
子育てを通じた親・家族の発達

● ● ●

ポイント

1 「親」として育つことの必要性を理解しよう。
2 関係発達の視点から子どもと家族を考えてみよう。
3 父親の子育てへの関わりと意識を理解しよう。

1 「親」としての育ち

　子どもが誕生したときから「親」はその子どもの保護と養育を担うことが求められます。それは，ごく自然で当たり前のことのように思われますが，親として子どもを養育する責任を引き受け，実際に子育てを行っていくことは決して容易なことではありません。親は，周囲の大人の世話がなければ生きていけない乳児を目の前にして，それまでの生活や価値観を大きく変えなければなりません。それに加えて現代では，自分の子どもの誕生前には，小さい子どもの世話をしたり，子育てを観察したりする機会が少なく，経験を通じて親になるための準備をすることが難しいという状況があります。そのため，子育ての過程においては，多くの親が子育ての負担や悩みを経験します（図4-1）。子育てへの強い不安や心配を経験する場合も少なくはありません。子育ての知識やスキルの不足，生活状況や健康状態の悪化により十分な養育行動をとれない場合もあります。

　子育てを初めから完璧にできる親はいません。実際に自分の子どもと関わり育てていく経験を通して，「親」として育っていくことが必要なのです。そして，子育てを経験することで人としても発達や成長が感じられるようになります。特に，「運命・信仰・伝統を受容すること」「自分を抑制すること」「生き

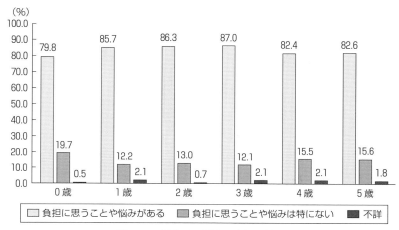

図4-1 子育てに関する負担や悩み
出所：厚生労働省「21世紀出生児縦断調査（平成13～18年）」より筆者作成。

がいや存在感が増すこと」といった点で，人格の成長を感じるようです。[*1]

　保育者は，その専門性を生かしつつ関係機関と連携しながら，子どもの発達を保障するとともに，親が親として育ち，人として成長する過程に寄り添う支援を行うことが求められます。

② 関係発達の視点から捉える子どもと家族

　先に述べたように，親は子どもとの関わりのなかで親として育ちます。関わりのなかで育つということは，親と子が互いに影響を与え合いながら共に育つということです。親が育つ過程に寄り添った支援を行うためには，親が子どもと共に発達していく過程を理解する必要があります。
　ここでは，親子の葛藤が顕著にあらわれる「第一次反抗期」を取り上げ，親子の関係発達の過程を具体的に検討したいと思います。

＊1　柏木惠子『家族心理学——社会変動・発達・ジェンダーの視点』東京大学出版会，2003年。

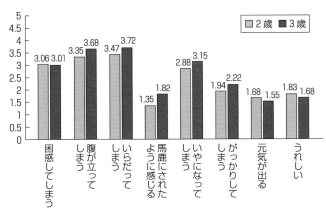

図4-2 子どもの反抗・自己主張に対して母親が抱く感情

注:「全くない」～「よくある」までの5段階の平均値。
出所:氏家達夫・高濱裕子（編著）『親子関係の生涯発達心理学』風間書房，2011年，p.149より筆者作成。

1 | 第一次反抗期とは

　子どもが生後1歳6か月から2歳を迎える頃になると，次第に自己主張や反抗が見られるようになります。この時期は，一般に「第一次反抗期」と呼ばれ，何でも自分でやりたがり，自分の思いを通そうとします。周囲の大人の指示や提案に「イヤ」と言って反抗し，思い通りにならないと癇癪を起こすのです。

　子どもの発達という観点から捉えると，こうした子どもの姿は，子どもの自己が育ってきたことの証であり，自律性の発達にとって重要なものです。自分で「やってみる」ことによって徐々に自分で「できる」ようになり，身辺自立という課題を達成していきます。また，自分の思いを主張し他者とぶつかることで，より明確に他の人とは違う「自分」を捉えるようになっていくと考えられます。

　しかし，実際にこうした子どもの姿に直面する親は，困惑したり，腹が立ったり，いらだったりといった否定的感情を経験するようです[*2]（図4-2）。子ど

[*2] 高濱裕子・野澤祥子「歩行開始期における親の変化と子どもの変化（量的アプローチ）」氏家達夫・高濱裕子（編著）『親子関係の生涯発達心理学』風間書房，2011年，pp.141-173．

第4章　子育てを通じた親・家族の発達

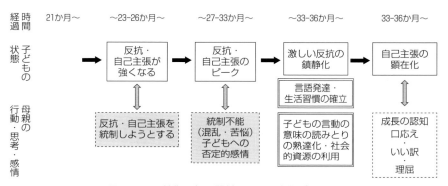

図4-3　反抗期の親子関係における変化プロセス
出所：氏家達夫・高濱裕子（編著）『親子関係の生涯発達心理学』風間書房，2011年，p.221より一部抜粋。

もは，食事のときに遊び始めたり，着替えや歯磨きを拒否したり，必要以上に玩具やお菓子をほしがったりするなど，親が身につけている社会のルールや常識に反する行動をとろうとするからです。親は，困惑したりいらだったりしながらも，社会のなかで生きていくためのルールや常識を根気よく子どもに伝え，子どもの反抗期を共に乗り越えていかなくてはなりません。

近年，子どもの反抗期において，親と子が相互に影響を与え合いながら共に発達していくプロセスが研究によって明らかにされています[*3]。こうした研究に基づきながら，子どもの反抗期における親子の関係発達のプロセスを見ていきましょう（図4-3）。

2 ｜ 第一次反抗期における親子の関係発達

親はそれまでの人生のなかで固有の価値観や信念を培ってきています。子どもの反抗や自己主張が強くなってくると，そうした価値観や信念を背景として，子どもに「してほしいこと」や「してほしくないこと」が次第に明確になっていきます。親が特に重視することに関して，子どもとの関係のなかで強い葛藤が生じやすいのです。たとえば，「食事は残さずきちんと食べてほしい」とい

＊3　高濱裕子「歩行開始期における親子システムの変化（質的アプローチ）」氏家達夫・高濱裕子（編著）『親子関係の生涯発達心理学』風間書房，2011年，pp.175-235。

う思いが強ければ，子どもが「食べたくない」という場合に強い葛藤が生じることになります。

　2歳を過ぎると子どもの反抗や自己主張は次第に強まり，ピークを迎えます。親が子どもの行動を統制しようとすると，子どもは激しい反抗や癇癪を示し，対処が非常に難しくなります。親はその激しさに戸惑い，「どうしたらよいかわからない」と途方に暮れる気持ちや「イライラする」「子どもの顔を見たくない」といった否定的な感情を抱くようになります。さらに，子どもに対してそうした否定的感情を抱いてしまうことへの罪悪感から余計につらくなってしまう場合もあります。親も子どもも自分の感情をコントロールできず，身動きがとれないような危機的状態に陥ってしまうのです。

　こうした状況は，どのように乗り越えられていくのでしょうか。そのきっかけはいくつかあります。

　まず，子どもの言語能力が発達することにより，自分の気持ちや思いを言葉にすることができるようになります。それにより，親は子どもの内面を捉えやすくなり，子どもについての理解が進むのです。たとえば，ある子どもは，保育所や体操教室で母親と一時的に離れる際に大泣きすることがたびたびありました。あるとき，その子どもが「ママ大好きなの」と泣いて母親に抱きつくという出来事がありました。それまで母親は「この子はどうしてこんなに泣くのだろう」と疑問に思っていましたが，この言葉によって，その背後に大好きな母親から離れることへの不安があることが理解できたのです。子どもの思いや気持ちがわかるようになると，その子どもに合った対処の方法を考えることが可能になります。先述の例で母親は，母子分離が必要な場面で，子どもの不安を取り除くような対処ができるようになりました。

　また，排泄や着替え，食事といったことが少しずつ子ども自身でできるようになることも，激しい反抗の収束につながります。子どもが「自分でやりたいのにできない」ことから癇癪を起こすという状況が少なくなるためです。そして，トイレットトレーニングが順調に進むなど生活習慣が確立することは，親にとっても子育てに対する自信につながります。

一方，危機的な状況で，親が周囲に助けを求めることも状況の打開につながります。たとえば，母親は，それまであまり子育てに積極的に関わってこなかった父親に子どもと向き合うよう求めたり，孫に甘い祖父母にやや厳しい対応を求めたりします。すると，これまでとは異なる父親や祖父母の様子に，子どもの反応が変化することが生じるのです。また，周囲の人が協力してくれることで，母親自身も心理的余裕をもって子どもと接することができるようになります。

以上のように，親と子のいくつかの変化が絡み合うことで親子関係が変化していき，子どもの激しい反抗は収束に向かいます。

3 │ 親子にとっての反抗期の意味

子どもの反抗期において，親子は危機的な状況を経験します。親は子どもの激しい反抗に戸惑い，子どもに対する否定的な感情を抱くことも多く生じます。しかし，そうした危機的状況だからこそ，親は何とかして対処しようとしたり，子どもの思いを理解しようとしたりするのではないでしょうか。

一方，子どもの側も何とか自分の思いを親に伝えようとします。こうしたやりとりにより，親は，「子どもの思いは，親である自分とも違うし，育児書などに示されている一般論とも違う，その子ども固有のものである」ということを見出していくと考えられます。そして，親は，子どもに「してほしいこと」や「してほしくないこと」をどのように伝えるかについて，その子どもに応じた方法を考えていきます。さらに，母親が父親を巻き込んだり，祖父母などの助けを得たりすることで，家族全体の関係性も変化します。

つまり，反抗期で親子が経験する危機的状況は，親が子どもの固有性を見出し，親子や家族の関係が，より子どもの個性や発達に応じたものへと変化するために必要な局面だといえるでしょう。

4 │ 家庭支援における関係発達の視点

以上に述べてきたことから，子どもの反抗期において親が経験する否定的感

情を含め，親子が反抗期を乗り越えるプロセスを必要なものだと認め，それを見守ることが大切です。

ただし，そのプロセスにおいては，親の不安や悩みが深刻になったり，子どもへの過度な統制によって子どもが情緒不安定になったりすることがあります。また，何らかの理由で親子関係が危機的状況から抜け出せなくなってしまう場合もあります。そうした場合には，子どもの発達，親の子ども理解，家族関係の調整などを支援することで，その親子が関係発達を遂げていくプロセスを促すことが求められます。

ここでは親子の葛藤が顕著にあらわれる反抗期を取り上げましたが，その他の時期でも親子の葛藤が生じる場合はあります。その場合も，親だけ，子どもだけの視点から考えるのではなく，親子の関係性がいかに変化することで葛藤を乗り越えていけるのかという関係発達の視点から捉えることが重要だと考えられます。

3 父親と子育て

子育てというテーマは，長い間母親中心に検討されてきました。しかし，近年，父親の子育てに社会的・学問的な関心が向けられるようになってきています。現代の父親は子育てにどのように関わり，子育てに対してどのような意識をもっているのでしょうか。

1 父親の子育ての状況

父親（1歳6か月児の父親）が平日に子どもと一緒に過ごす時間（図4-4）は「2〜4時間未満」の割合が多く，33.1％です。母親と比べて平日に父親が子どもと一緒に過ごす時間は少ない傾向があります（図4-5）。この背景の一つは，父親の帰宅時間が遅いことだと考えられます。乳幼児の父親のみを対象とした調査ではありませんが，内閣府『男女共同参画白書（平成19年度版）』によると，1週間に家族全員で夕食をとった回数は，日本（東京）においては，3

第4章　子育てを通じた親・家族の発達

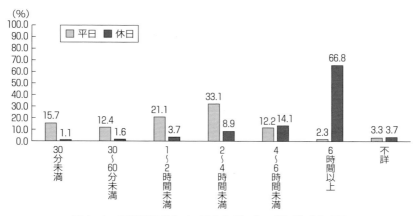

図4-4　父親が子ども（1歳6か月）と一緒に過ごす時間
出所：厚生労働省「21世紀出生児縦断調査（平成14年実施調査）」より筆者作成。

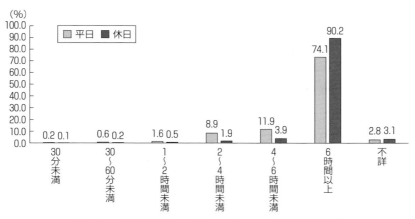

図4-5　母親が子ども（1歳6か月）と一緒に過ごす時間
出所：厚生労働省「21世紀出生児縦断調査（平成14年実施調査）」より筆者作成。

回以下の場合が約6割を占めていました。一方、フランス（パリ）やスウェーデン（ストックホルム）では、3回以下の場合は3割前後と日本の約半分の割合でした。また、首都圏在住の乳幼児をもつ父親を対象とした調査では、帰宅時間が20時以降の場合を合計すると約6割にのぼっていました。[*4]

ただし、父親が子育てに意識を向けていないわけではないようです。休日に

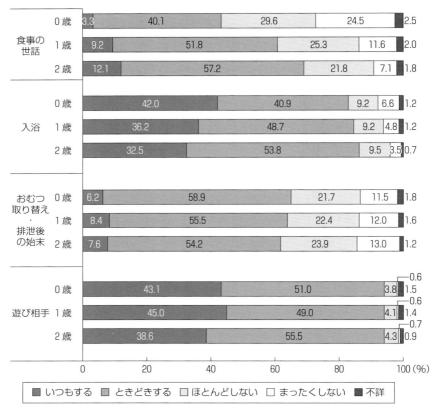

図4-6 父親の育児状況（0〜2歳児）

注：図中に取り上げた項目は，平成13年，14年，15年の調査に共通して含まれていた項目。
出所：厚生労働省「21世紀出生児縦断調査（平成13・14・15年実施調査）」より筆者作成。

子どもと一緒に過ごす時間に関しては（図4-4），「6時間以上」の割合がもっとも高く，66.8%を占めています。また，0〜2歳児の父親の育児状況に関し（図4-6），食事の世話，入浴の世話，排泄の始末，遊び相手といった面で，「いつもする」と「ときどきする」を合わせると，授乳が主な0歳児の食事を除き，いずれも6割以上にのぼっていました。また，「家事や育児に今以上に

＊4　ベネッセ教育総合研究所「第3回　乳幼児の父親についての調査　速報版」2015年（http://berd.benesse.jp/up_images/research/Father_03-ALL1.pdf：2016年4月10日閲覧）。

関わりたい」という父親の家事・育児への参加意欲が増加しているという調査結果もあります。[*5]

こうしたことから，父親は育児参加へ意識を向けており，時間が確保される場合には子育てに関わることも多いと考えられます。父親が，平日も含めた日々の生活のなかで子どもと関わる時間が確保されるような社会のあり方が求められます。また，父親が「子育てに関わりたい」という意識を実行に移せるよう，具体的な関わり方に関する支援や指導も必要でしょう。

2│父親の子育て意識

先にあげた調査結果では，休日も含めると多くの父親は何らかの形で子育てに参加していることが示されていました。しかし，母親が約10か月の妊娠期間を経て徐々にわが子の存在を実感し，出産直後から乳児と親密に関わるのに比べ，父親は「親になる」という意識をもちにくいという可能性も指摘されています。

父親になる過程で，親になる意識はどのように形成されるのでしょうか。はじめての子どもを妊娠中の女性とその夫に「はじめて親になる気持ち」を尋ね，子ども誕生の6か月後に子育て意識を調査した研究から考えてみましょう。[*6]

まず，男性は妻の妊娠中に，女性と同じように，親になる喜びや生まれてくる子どもへの心配を感じているようです。一方，親になる実感や準備，親になることの負担感は女性のほうがやや高く，一家を支えていくという意識は男性の方が強くもっているという違いがありました。

父親になることの捉え方は，人による違いもあるようです。父親になる喜びが強い，親となる自信があるなど，親になることをさまざまな面で肯定的に捉える人がいる一方で，親になることへの制約を感じる，子どもの病気や世話への心配や不安が高い，親になることへの自信がもてないなど，親になることを

---

* 5　同前。
* 6　小野寺敦子・青木紀久代・小山真弓「父親になる意識の形成過程」『発達心理学研究』第9巻第2号，1998年，pp.121-130。

否定的に捉える人もいました。

　では，こうした「はじめて親になる気持ち」は，父親になってからの子育てにどのようにつながっていくのでしょうか。先述の研究では[*7]，父親になる自信や喜びを感じていた場合，子どもが生まれてから子育てへの自信をもちやすく，子どもとの関わりを肯定的に捉える傾向がありました。一方，父親になる以前に制約感が強かったり，心配や不安が高かったりした男性は，育児書に頼ったり，子育てに対する自信がもちにくい傾向が見られました。

　これまで，子育てに関しては母親を中心に語られるなかで，子育てへの不安についても，父親は母親をサポートする立場として捉えられてきました。しかし，人によっては，父親自身も子育てに対する心配や不安を感じやすいようです。そうした意識は，妻の妊娠中から出産後へつながっていることを考えると，妻の妊娠中を含め，より早期から父親の不安や心配への支援が必要でしょう。

　さらに，父親の子育てへの意識が高まり，意欲的に取り組もうとするにつれ，実際にその難しさに直面し，不安を抱くことが稀ではなくなる可能性も考えられます。先にあげた調査では[*8]，父親が「子どもとの接し方に自信がもてない」という割合が増加しており，2014年には「よくある」と「ときどきある」を合わせると約４割にのぼることも示されています。

　以上に述べてきたように，父親も早い時期から親になることや子育てに関する意識を形成しています。一方で，父親が子育てに意欲的に取り組もうとするほどに，子育てに関する父親の心配や不安も高まる可能性が考えられます。今後は，父親を母親主体の子育てにおけるサポート役としてのみ捉えるのではなく，父親も母親と共同で子育てを行う主体として捉える必要があると考えられます。そして，個々の父親の子育てに対する関わりや意識のあり方を理解しながら支援することが求められるでしょう。

＊７　同前書。
＊８　ベネッセ教育総合研究所，前掲。

第4章 子育てを通じた親・家族の発達

> **本章のまとめ**
>
> 　親は子どもと関わる経験を通じて親として育ちます。親として育つことを支援する際には，親子が関わり合いながら共に育つ過程を理解することが必要です。また，今後は，父親も子育ての主体として捉えて支援していくことが求められます。

第 5 章
子育て家庭支援施策の経緯・現状・展望

・・・

ポイント
1 わが国の子育て家庭支援施策の経緯について理解しよう。
2 子ども・子育て支援制度について理解しよう。
3 子育て家庭支援に関わる法律やさまざまな事業について理解しよう。

1 子育て家庭支援施策のはじまりと展開

1 支援の必要性への気づき──育児不安と少子化

　日本では，戦後長い間，通常の家庭における子育てが公的な支援の対象になるとは考えられていませんでした。子育て中の親の多くは，同居する他の家族や近隣に住む親族，地域のさまざまな人々によって支えられるということを前提として，子ども家庭福祉行政は，家庭での養育が困難な子どもの社会的養護など，何らかの深刻な問題を抱える子ども・家庭への対応を中心とするものでした。

　しかし，1960年代の高度経済成長に伴って，都市化や核家族化が進むとともに血縁・地縁といったつながりも希薄化し，幼い子どものいる家庭は地域社会のなかで孤立しがちになっていきました。身近な人々からの日常的な助けを得にくくなり，個々の家庭，とりわけ母親に，子育てのさまざまな負担が集中してしまう状況が生じていたのです。

　このような子育て環境のもと，子どもや子育て，あるいは親としての自分と向き合うことに，身体的な疲労だけでなく，重い不安やストレスを感じる人も少なくありませんでした。1970年代後半から1980年代にかけて，こうした子育

てをめぐって心理的な困難や危機を抱える母親の問題が母子保健分野の関係者などによって指摘されはじめ,「育児不安」といった表現で育児雑誌等を通じ徐々に広く知られるようになっていきます[*1]。

そして,これとほぼ同じ時期に,少子化のきざしも徐々に見えはじめていました。1970年代半ば以降,毎年の出生数は減少の一途をたどり,合計特殊出生率[*2]も年々低下していきます(本書第3章図3-1参照)。

このことが問題として政府に認識され,また社会的にも広く知られるようになる一つのきっかけとなったのが,1990年の1.57ショック[*3]でした。国の将来の担い手である子どもたちの出生率が,長期間にわたり低下傾向を示し続けているという事実が目に見えて明らかとなった影響は大きく,将来の社会保障はもちろん,経済の安定・発展や労働力の確保などの面からも,社会全体が強い危機感をもつ事態となりました。

こうしたなかで,政府は同年「健やかに子どもを生み育てる環境づくりに関する関係省庁連絡会議」を設置します。そして,翌1991年にまとめた報告書において,出生率低下の背景に「結婚や育児に対する負担感の増大」という問題があるとして,子どもを生み育てやすい環境づくりに向け,今後国が進めるべき対応策の方針を示しました。この時期にはまだ概して「出生率の低下は一時的なもの」という捉え方ではあったものの[*4],この提言の趣旨は,その後の国による子育て家庭支援施策のひとつの基盤となりました。

こうして,日本における子育て家庭への支援に関わる施策は,1990年代に入り,まずは少子化対策としてその歩みを踏みだしました。これ以降,「ふつうの家庭における子育て」をその家庭だけで背負うものとせず,社会全体で支え

---

*1 岩田美香『現代社会の育児不安』家政教育社,2000年,p.9。
*2 **合計特殊出生率** 1人の女性が生涯出産する子ども数の平均値。その年の15〜49歳の女性の年齢別出生率を合計して算出する。
*3 **1.57ショック** 前年(1989年)の合計特殊出生率が,それまで過去最低だった1966年の1.58(「ひのえうま」の迷信の影響という特殊な理由による)をも下回る1.57となったことに対する衝撃を指す。
*4 内閣府(編)『少子化社会白書(平成16年版)』ぎょうせい,2004年,p.94。

ていくことの必要性に，多くの人の目が向けられるようになっていったのです。

2 少子化対策としての子育て支援——エンゼルプランと新エンゼルプラン

1.57ショックを受け，国による最初の本格的な少子化対策の取り組みとして，1994年にエンゼルプラン（「今後の子育て支援のための施策の基本的方向について」）が発表されました。これは，文部・厚生・労働・建設4省（当時）の大臣合意によって定められたもので，子育て支援を「企業や地域社会を含め社会全体として取り組むべき課題」と位置づけて，今後10年の間に政府が進めていく支援の基本的な方向性や重点的に実施する施策を提示したものです。

同時に，このエンゼルプランに示された施策を実現していくために，厚生・自治・大蔵3大臣の合意により緊急保育対策等5か年事業も策定されました。ここでは主に，保育ニーズの多様化に応えて保育サービスをより拡充していくことを目的として，3歳未満児の保育や延長保育の量的拡大，保育所の多機能化といった具体的な項目について，それぞれ1999年度末までの5年間に達成すべき目標値が掲げられました。

エンゼルプランの策定後も，引き続き少子化の問題とその対応策への社会的な関心はより高まっていきます。こうした状況のもと，さらに政府内での検討が進められ，1999年，少子化対策推進関係閣僚会議により「少子化対策推進基本方針」が決定されました。そして，この基本方針にそって具体的に実施すべきさまざまな事業の計画として，大蔵・文部・厚生・労働・建設・自治（当時）の6大臣合意による新エンゼルプラン（「重点的に推進すべき少子化対策の具体的計画について」）もあわせて発表されました。

新エンゼルプランでは，緊急保育対策等5か年事業の実績をもとに計画の見直しが行われ，2000年度から5年間の目標が新たに定められます。これは，専業主婦の育児に対する負担感が共働きの女性よりも高いという調査結果等を踏まえて在宅子育て家庭への支援施策が拡充されるなど，それまで重点の置かれていた保育関連事業だけでなく，母子保健や雇用・教育の環境整備など子育てに関わるより幅広い分野の事業が対象とされている点を特徴とするものでした。

3 | 次世代育成という視点へ──法律の制定と新しい少子化対策

　エンゼルプラン以降，少子化対策としてさまざまな子育て支援施策が1990年代を通じて展開されてきました。しかしその効果はなかなかあがらず，依然として出生率低下に歯止めがかかる様子は見られませんでした。

　政府は，こうした状況を改善するために，より的確で実効性の高い対応策を講じる必要に迫られることとなります。そこで厚生労働省では，従来の取り組みの不十分な点や対応すべき課題について改めて点検を行い，2002年「もう一段の対策」として少子化対策プラスワンを提案しました。

　少子化対策プラスワンでは，「地域における子育て支援」「男性を含めた働き方の見直し」「社会保障における次世代支援」「子どもの社会性の向上や自立の促進」の4つの領域において，より広く取り組みを進めていくことの必要性が示されました。

　翌2003年には，この提案を踏まえ，次世代育成支援対策推進法が2005年4月～2015年3月までの10年間の時限立法として制定されます[*5]。「次世代育成」とは，低下してしまった家庭や地域の子育て力を再び高め，次世代を担う子どもを育てる家庭を社会全体で支援していこうという考え方です。これにより，国による子育て支援施策は，少子化対策からすべての子どもたちが健やかに育つことのできる社会づくりへと視点の広がりを見せました。

　次世代育成支援対策推進法では，子どもの健全な育成環境の整備について，すべての市区町村および都道府県が地域行動計画を策定・公表するとともに，企業も従業員の仕事と子育ての両立を支援するための一般事業主行動計画を策定し，都道府県労働局に届け出ることが義務づけられました[*6]。計画の期間は，それぞれ前期・後期の計10年間とされました。法的な拘束力のなかったエンゼ

＊5　次世代育成支援対策推進法は，2014年の改正で，さらに2025年3月31日までの10年間，有効期限が延長されることになった。
＊6　当初，計画策定・届出が義務づけられるのは301人以上の従業員のいる企業（300人以下の企業については努力義務）とされていたが，2008年の改正により従業員101人以上のいる企業へと対象範囲が拡大された。

ルプランと異なり，法律としてより実行力を伴った形で，行政と企業の協働や，全国一様ではなく地方自治体が各々の地域の実情とニーズを把握し，それに即した子育て支援を展開していくことが図られたといえます。

　同じ2003年には，少子化に対処するべく講じられるさまざまな施策について，その基本理念を明確にし，総合的に推進していくための少子化社会対策基本法も制定されます。これに基づき翌2004年に少子化社会対策大綱とその具体的な実施計画である子ども・子育て応援プラン（「少子化社会対策大綱に基づく重点施策の具体的実施計画について」）が決定されました。これは，新エンゼルプランに続く，2005年度から2009年度までの5年間の目標を新たに示したものです。①仕事と家庭の両立支援と働き方の見直し，②若者の自立とたくましい子どもの育ち，③生命の大切さ，家庭の役割等についての理解，④子育ての新たな支え合いと連帯，という4つの重点課題に沿って28の具体的行動が示された，非常に幅広く総合的な内容のものでした。

　しかしこの間も少子化は予想以上に進行し，2005年には合計特殊出生率が過去最低の1.26を記録すると同時に，総人口が減少に転じます。これは，1899年にわが国の人口動態統計がとられるようになって以来初めてのことでした。政府はさらに少子化対策の抜本的な拡充と強化を目指して，2006年「新しい少子化対策について」を発表し，保護者の就労状況にかかわらずすべての子育て家庭を支援すること，妊娠・出産から高校・大学生期に至るまで，子どもの成長に応じてそれぞれの時期に必要な子育て支援を行っていくことなどを掲げました。

　このようにわが国の子育て支援施策は，2000年代に入り次々と打ち出された法律や計画のもと，少子化対策としてだけではなく次世代育成という新しい視点から，より長期的かつ幅広い対象や内容について展開されることになりました。それだけ子育て家庭に対する社会的支援の必要性が高まり，少子化問題も深刻化したのだといえます。同時に，この時期進められた国の行財政の構造改革の影響もあり，子育て家庭支援に関する多くの分野で地方自治体の責任・負担が増大しました。それまでのように国の助成に多くを頼るのではなく，地方

自治体が支援を中心的に担うことによって，それぞれの地域における子育て環境の実態や課題に応じたきめ細かい支援の実施が期待されることになります。一方で，各自治体では財政負担を抑えつつ，支援の量と質の両面を保障・向上しなくてはならないという課題に直面しています。

今後の次世代育成支援を展開していくうえで，自治体が地域のニーズを十分に把握すること，地域住民と連携・協働しその力を資源として活用することはますます重要となっており，そうしたなかで，それぞれの地域の実情に即した独自の新たな試みも各地で生まれてきています。

4 子育て支援施策のさらなる展開──新しい制度に向けて

今後の少子高齢化についての見通しがさらに厳しさを増していくなか，2007年に「『子どもと家庭を応援する日本』重点戦略」が策定されました。ここでは，「働き方の見直しによる仕事と生活の調和（ワーク・ライフ・バランス）の実現」と「包括的な次世代育成支援の枠組みの構築」の2点を軸に，就労と結婚・出産・子育ての二者択一を迫られることのない生き方が可能となるような社会を実現していく必要性がうたわれています。これを踏まえて翌年には，保育の質・量両面の拡充を目的とする新待機児童ゼロ作戦が発表されました。

しかし実際には，人々の働き方や生活を根本的に見直すまでには至っておらず，長時間労働などによって，特に都市部にある多くの自治体では，保育所等の待機児童，延長保育や病児・病後児保育等のニーズの増大といった課題を依然として抱えているのが現状です。また1990年代以降，非正規雇用や派遣労働の増加など雇用の不安定化によって経済格差が広がり，子育て世代においても，生活を営むことが困難な世帯や将来に不安を抱く人々が増加しているといわれます。子どもとその家庭を取り巻く社会情勢は厳しい状況にあり，貧困やそれによる生活・教育の格差，虐待といった切実な問題の拡大が懸念されています。

こうしたことを背景に，2000年代後半頃から，社会保障と税の一体改革に関する議論が本格的に始まりました。高齢化などにより年金・医療・福祉等の社会保障にかかる費用が年々増加するとともに，子育てや介護を社会的に支援す

る体制を充実させることが求められる一方で，雇用の不安定化や景気の低迷などによる保険料および税収の伸び悩みといった問題に対応する必要が生じていたのです。そのため，社会保障制度全体の見直しと安定した財源の確保が，国のもっとも切実で重大な懸案の一つとなっていました。また，国際比較において日本は家族関係社会支出の対GDP比が低く，家族政策全体の財政規模が小さいことが指摘されており，子どもと子育て家庭など若い世代に対する政策支援強化も年来の課題とされていました。

2009年には，それまでの自民党政権に代わり，民主党を中心とする連立政権が成立しました。社会福祉政策や少子化対策の充実を掲げた新しい政府は，翌2010年の初め，子どもと子育てを応援する社会の実現に向けて，2010年から2014年までの5年間の政策の方向性と数値目標を示した子ども・子育てビジョンを発表します。そして，「すべての子どもへの良質な成育環境を保障し，子ども・子育て家庭を支援するため，新たな次世代育成支援のための包括的・一元的なシステムの構築について検討を行う」として，「子ども・子育て新システム」についての検討会議を立ち上げました。これは，幼保一体化を含め，就学前の教育・保育や子ども家庭福祉に関わる既存の制度や財源を一元化して，基礎自治体（市町村）を実施主体とする新しい仕組みを構築するという，非常に大がかりな制度改革を目指すものでした。

子ども・子育て新システムは，この新政権のもとで，社会保障と税の一体改革の一環として審議が重ねられていきました。しかしその間，東日本大震災や原発事故の影響などもあり，政局は大きく混乱します。当初の幼保一体化案については，さまざまな立場から議論が重ねられた結果，全面的な移行は見送られ，既存の認定こども園制度の改善による活用とするなどの修正がなされました。こうした紆余曲折を経ながらも，子ども・子育て支援分野の経費には，消

---

* 7 **家族関係社会支出**　家族を支援するために，公的に支出される現金給付および現物給付（サービス）を計上したもの。出産育児一時金，育児休業給付，児童手当，保育所運営費，就学前教育費などが含まれる。
* 8 　内閣府（編）『少子化社会対策白書（平成27年版）』日経印刷，2015年，pp.25-26。

第 5 章 子育て家庭支援施策の経緯・現状・展望

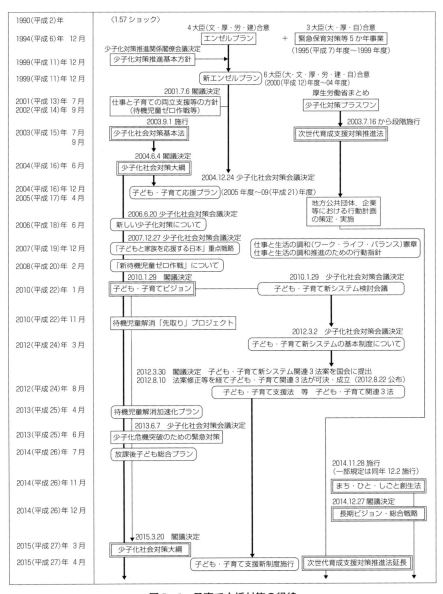

図 5-1 子育て支援対策の経緯

出所：厚生労働省（編）『厚生労働白書（平成27年版）』2015年，資料編 p.178。

費税率の10％への引き上げによる増収分を財源として，新たに7,000億円程度の予算が追加されることなどが決まりました。[*9]

こうして，2012年8月に「子ども・子育て関連3法[*10]」が民主・自民・公明の3党合意によって成立しました。そして，同年末に復活した自民党政権のもと，新しい法律に基づく子ども・子育て支援に関する新たな制度について具体的な内容の検討と準備がすすめられ，2015年度から本格的に施行されることになりました。同じく2015年3月に，国は働き方の見直しや地域子育て支援の充実・推進などを重点行動に掲げる新たな「少子化社会対策大綱」を策定し，今後5年間を「集中取り組み期間」と位置づけています。子どもたちの健やかな育ちが保障され，子育てがしやすい社会づくりに向けて，よりいっそう積極的な取り組みを進めていくことが期待されています。

② 子ども・子育て支援制度

1 新しい体制の構築

2015年度から全面施行となった子ども・子育て支援制度では，すべての子ども・子育て家庭を対象に，幼児教育・保育，地域子ども・子育て支援について，質・量両面での充実を図ることを大きな目的として掲げています。この他，児童手当の拡充，社会的養護施策や母子保健の充実も目的とされており，その内容は子ども家庭福祉や就学前教育に関する施策の非常に広い範囲に及んでいます。

---

*9 国ではさらに，消費税率の引き上げにより確保するこの約7,000億円分を含めて，将来的に必要とされる1兆円超程度の財源確保を目指して最大限努力していくとした。
*10 **子ども・子育て関連3法** ①子ども・子育て支援法（平成24年法律第65号），②就学前の子どもに関する教育，保育等の総合的な提供の推進に関する法律の一部を改正する法律（「認定こども園法の一部改正法」，平成24年法律第66号），③子ども・子育て支援法及び就学前の子どもに関する教育，保育等の総合的な提供の推進に関する法律の一部を改正する法律の施行に伴う関係法律の整備等に関する法律（平成24年法律第67号）の3法のこと。

国は，この新しい制度を一元的に推進していくため，新制度に関する基本的な政策等の企画立案や総合調整などを担う機関として，内閣府に子ども・子育て本部を設置しました。これにより，国の少子化対策や子ども・子育て支施策は，この子ども・子育て本部を中心として，厚生労働省や文部科学省など関係省庁との緊密な連携のもとで進められていく体制となりました。

　さらに，有識者や地方公共団体，事業主代表・労働者代表，子育て当事者，子育て支援当事者等（子ども・子育て支援に関する事業に従事する者）が，子育て支援の政策プロセスなどに参画・関与することができる仕組みとして，子ども・子育て会議も設置されました。多様な立場，特に現在実際に子育てや子育て支援に携わっている当事者からの声を，政策に反映していくことが重視されたものといえます。

　一方，より地域それぞれのおかれている状況に沿った独自の取り組みを進めていくために，政策に基づくさまざまな事業について計画を策定し，実施する主体は，基礎自治体（市町村）とされています。市町村は，地域の子ども・子育て家庭の状況や需要を把握し，各々の実情に応じて幼児教育・保育と地域子育て支援を計画的に整備・実施していくという，大きな役割を担うことになりました。このため，新制度の施行を前に，多くの市町村において地方版子ども・子育て会議が設置され，地域のニーズ調査の結果などに基づいて，今後の幼児教育・保育や子育て支援の展開について検討が進められました。国や都道府県は，こうした市町村による取り組みを重層的に支える立場として位置づけられています。

2　就学前の教育・保育の展開

　従来の制度では，幼稚園・保育所および認定こども園の運営等に係る財源は，それぞれに異なっていました。また，これら以外の小規模保育や家庭的保育，居宅訪問型保育（いわゆるベビーシッター），事業所内保育といった保育事業は主に民間事業者や自治体独自の助成などによって行われており，一部を除いてその多くは公的財政支援の対象外でした。これに対し，新たな制度では，認定

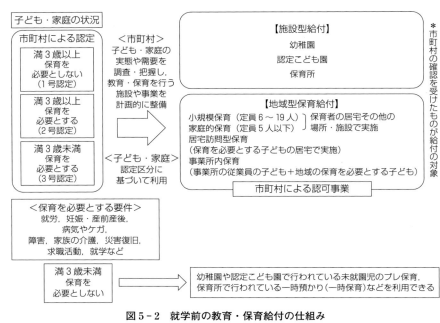

図5-2 就学前の教育・保育給付の仕組み

出所:内閣府・厚生労働省資料をもとに筆者作成。

こども園・幼稚園・保育所を通じた共通の給付である施設型給付と,小規模保育などの地域型保育事業への給付である地域型保育給付[*11]が創設されました。認可や認定を受けた施設・事業者のなかから,市町村の確認を受けたものが,給付の対象となります。これらを利用する子どもについては,年齢(満3歳未満／以上)と保育の必要性の有無による認定区分が設けられました。各家庭の子どもたちは,市町村からどの区分に該当するか認定を受け,それぞれのニーズにあった施設・事業を利用することになります。各施設・事業への給付の金額は,この区分に基づいて利用する子どもたちの定員や利用時間などから算出されます(図5-2)。

新制度では,このように就学前の教育・保育への財政支援の仕組みが大きく

---

*11 ただし,新制度施行前に施設型給付の対象となる教育・保育施設として確認を受けない旨の申出を市町村に行った幼稚園に対しては,私学助成及び就園奨励費補助を継続することになっている。

第5章　子育て家庭支援施策の経緯・現状・展望

改められただけでなく，消費税引き上げによる増収分の投入によって，保育所の量を拡充して待機児童の解消を図っていくこと，職員の配置や労働条件や研修体制を改善して，保育の質の向上を目指すこともうたわれています。

新たな財政支援の対象となった地域型保育事業は，土地の確保や施設の新設が難しい大都市圏での機動的な待機児童対策や多様な保育ニーズへの対応に加えて，子どもが減少している地域でも身近な場所で保育の場を維持できることや，障害，疾病等により個別のケアを必要とする子どもの保育が可能となることなどが，メリットとされています。

さらに，認定こども園法が一部改正されて，幼保連携型認定こども園の認可・指導監督が一本化されるとともに，学校および児童福祉施設として法的に位置づけられることになりました。こうした制度の改善により，既存の幼稚園や保育所の幼保連携型認定こども園への移行が促進されることが期待されています。認定こども園では，働いているかいないかといった親の生活状況によって地域の子どもたちが過ごす保育の場が分断されるということがなく，また親が就労するなど生活の変化があっても，利用枠を変更することで同じ施設に継続して在籍することが可能です。また，過疎地域で近隣に幼稚園がなく，保育所はあるけれども保育を必要とする状況ではないため保育所に入所できないといった子どもも，地域のなかで同年代の子どもと共に過ごす育ちの場を確保できるというメリットがあります。

実際のところ，新しい制度にはこれらのメリットだけでなく課題や問題点も多々指摘されています。またこれを機に，わが国の乳幼児期の教育や保育のあり方について，その根幹に関わる議論も活発に行われています。認定こども園の数は，2016年4月1日現在の時点で計4,001件となり，新制度施行開始前の2014年度の1,360件から大幅に増加しています[*12]。

子どもたちが豊かに育ち合う場を保障すること，子育て家庭が子育てのパートナーとして安心して大切なわが子を預けることのできる環境を確保すること

＊12　内閣府子ども・子育て本部「認定こども園の数について（平成28年4月1日現在）」(http://www8.cao.go.jp/shoushi/kodomoen/pdf/ensuu.pdf：2016年6月9日閲覧)。

は，大都市圏であろうと過疎地域であろうと，すべての地域で実現されるべき重要な使命です。新しい制度のもとで，課題や問題点を解決しながら，どのようにして各地域において就学前の教育・保育の量的確保と質の向上を図っていくか，行政はもとより保育の現場においても努力が求められています。

3 地域子ども・子育て支援の拡充

　新しい制度においては，幼児教育・保育制度の改変とともに，地域の子育て支援の充実が図られています。それぞれの地域の実情に応じて，市町村が地域子ども・子育て支援事業計画を策定し，またそれを実施することとされています。地域子ども・子育て支援事業の概要は，表5-1のようになっています。

③ 子ども・子育て家庭への支援に関わる法律と制度・事業

1 子ども・子育て家庭に関する法律の全体像

　子ども家庭福祉および教育には，図5-3に示すように多くの法律が関わっています。乳幼児の教育・保育や地域子育て支援に関わる公的施設・機関の機能と役割，子どもの育ちや子育てをより豊かなものとなるよう支えていくための制度や事業，そしてそれらに携わるうえで必要な専門性を備えた資格や職種といったものは，これらの法律を根拠として成り立っています。

　こうした法律すべてのもっとも上位に位置するのが，日本国憲法です。そして，この日本国憲法に記された基本的人権の保障という考え方を踏まえて，児童福祉法が制定されています。

　現在のわが国における子どもと子育て家庭への支援に関する施策の多くは，この児童福祉法と次世代育成支援対策推進法，少子化社会対策基本法，そして新たに制定された子ども・子育て支援法を中心に策定・実施されるものです。なお，児童福祉法を含め，子ども家庭福祉全般に関わる法律として，母子及び父子並びに寡婦福祉法，母子保健法，児童手当法，児童扶養手当法，特別児童

表 5-1　地域子ども・子育て支援事業の概要

①すべての家庭を対象とする事業	
利用者支援事業	子ども・保護者にとって身近な場所で、保育や子育て支援等に関わる情報の集約や提供、個々のニーズに応じた相談・援助を行うとともに、地域の関係機関の連絡調整や社会資源の育成などを進める。
地域子育て支援拠点事業	乳幼児と保護者の相互交流の場を地域の身近なところに開設し、子育てに関する相談や情報提供、助言を行う（第10章参照）。
子育て援助活動支援事業（ファミリー・サポート・センター事業）	地域の住民同士の相互援助のシステムとして、センターが仲介して連絡調整し、子どもの一時的な預かりや保育所への送迎などの援助を登録した地域住民の会員が行う。
子育て短期支援事業	保護者の疾病などにより家庭での養育が一時的に困難となった場合に、子どもを児童養護施設等で預かる。短期入所生活援助（ショートステイ）事業、夜間養護等（トワイライトステイ）事業がある。
一時預かり事業	保護者の急用などにより一時的に保育を必要とする乳幼児を、主に昼間、保育所や地域子育て支援拠点等において預かる。
②主に共働き家庭を対象とする事業	
延長保育事業	保育認定を受けた子どもについて、通常の利用日・利用時間以外に保育所や認定こども園等で保育を実施する。
病児保育事業	病気や病後の子どもを保護者が家庭で保育できない場合に、病院・保育所等に付設された専用スペースにて看護師等が一時的に保育を行う。子どもの居宅に保育者が訪問して保育する形態もある。
放課後児童クラブ（放課後児童健全育成事業）	保護者が昼間家庭にいない小学生に対し、授業の終了後や休業中に児童館等を利用して遊び・生活の場を提供して、健全育成を図る。実施にあたり、放課後児童支援員が配置される。
③妊娠期から出産後までを支援する事業	
妊婦健康診査	妊婦の健康状態の把握、検査計測、保健指導を実施するとともに、妊娠期間中必要に応じて医学的検査を実施する。
乳児家庭全戸訪問事業（こんにちは赤ちゃん事業）	生後4か月までの乳児のいるすべての家庭を保健師や保育士等が訪問し、子育て支援に関する情報提供や養育環境等の把握を行う。
養育支援訪問事業	特に養育支援が必要な家庭を保健師や保育士等が訪問して養育に関する指導・助言を行い、その家庭での適切な養育の実施を確保する。
④その他	
子どもを守る地域ネットワーク機能強化事業	要保護児童対策地域協議会（子どもを守る地域ネットワーク）の機能強化を図るため、調整機関職員や関係機関の専門性強化と各機関間の連携強化を目的とした取り組みを実施する（第6章参照）。
実費徴収に係る補足給付を行う事業	保護者の世帯所得の状況等を勘案して、特定教育・保育施設等に対して保護者が支払うべき日用品など教育・保育に必要な物品の購入に要する費用や行事への参加に要する費用等を助成する。
多様な事業者の参入促進・能力活用事業	教育・保育施設等の量的拡大を進めるうえで、多様な事業者の参入を支援するほか、特別な支援を必要とする子どもを受け入れる認定こども園の設置者に対して、必要な費用の一部を補助する。

出所：内閣府・厚生労働省資料をもとに筆者作成。

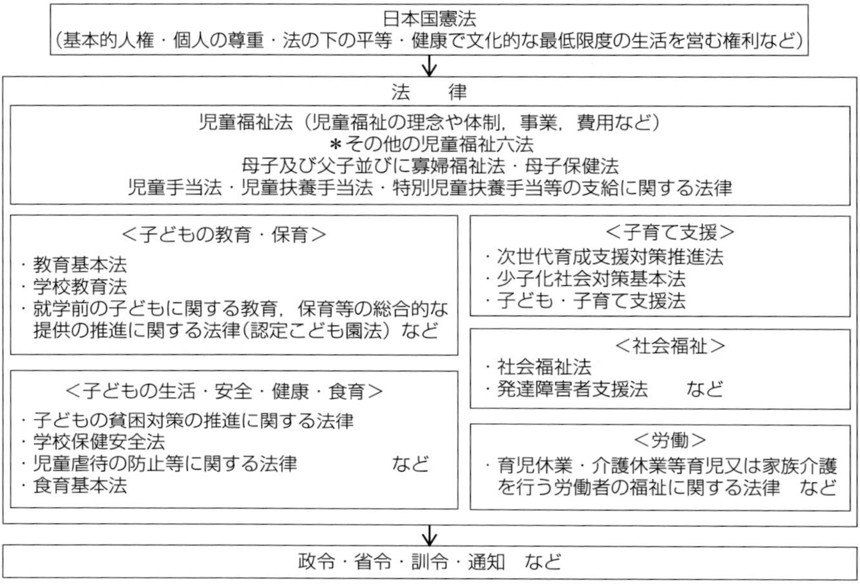

図5-3 子ども・子育て支援に関わる主な法律

出所:筆者作成。

扶養手当等の支給に関する法律の6つは、一般に「児童福祉六法」と呼ばれており、これらもそれぞれ子育て家庭への支援と密接な関わりをもっています。

その他にも、子どもの教育や保育および虐待防止・貧困対策・安全・健康・食育、社会福祉、保護者の働き方に関わる法律など、関連する法律の分野は多岐に及んでいます。そしてさらに、これらの法律に基づいて実施されるさまざまな事業について、より具体的で細かな基準や規則などを示す政令・省令・訓令・通知といったものが、内閣や関係省庁などから出されます。

また地方自治体は、法律とは別に（ただし法律の範囲内で）、自主的に条例を定めることもできます。現在、多くの都道府県や市町村などでは、子育て支援条例を制定し、それに基づいた取り組みも積極的に進めています。

なお、子どもの権利に関して、国際的に法的拘束力をもつ条約として、1989年に児童の権利に関する条約（通称、子どもの権利条約）が国際連合で採択され

ました。この条約に日本は1994年に批准し、これに基づいて子どもの権利を保障するための取り組みを進めていくことが義務づけられました。この条約では、子どもが権利の主体であることやその最善の利益が確保されなくてはならないこと等とともに、父母は子どもの養育及び発達に共同の責任を有し、その責任は第一義的であること、国は父母がその責任を果たせるよう、必要な援助を提供する義務と責任があることなどが示されています。これらの内容は、2016年の児童福祉法改正により同法第1条及び第2条に規定されました。これにより、児童の権利に関する条約に則った子どもの福祉を保障するための原理がより明確化されたと言えます。わが国における子どもに関わるすべての法令の施行にあたっては、この原理が常に尊重されなくてはならないことが定められています（児童福祉法第3条）。

2 子育ち・子育てを支援するための主な制度・事業の全容

先に示したさまざまな法律に基づき、子どもの育ちや子育てを支援するための公的な制度や事業は、図5-4に示すように多岐にわたっています。大別すると、①仕事と子育ての両立支援、②拡大・多様化する保育ニーズへの対応と子どもの健全育成、③地域子育て支援（情報提供、地域の親子の相互交流、相談・助言等）、④子どもや母親の健康・安全を守るための母子保健、⑤社会的養護、⑥特別な支援を必要とする子どもの家庭に対する支援、⑦ひとり親家庭に対する支援、⑧子育て家庭への経済的な支援、となります。新しい制度のもとで、今後これらをよりいっそう発展・充実させていくことが求められています。

図5-4に示された国としての制度・事業以外にも、それぞれの自治体で積極的に多様な支援が展開されています。たとえば、産前産後のヘルパー派遣や子どもの医療費への助成など、子育てに伴う不安や負担を軽減するための事業や、妊娠期および子育て中の父親・母親のための講習会の開催、父親の育児参加を促すための企画や冊子の発行といった、親としての育ちを支援していくことを目的とする事業です。

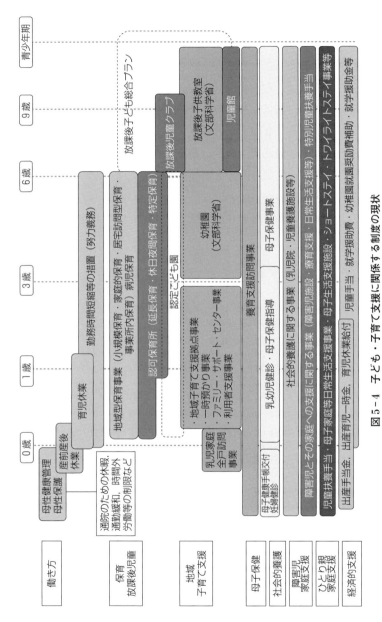

図5-4 子ども・子育て支援に関係する制度の現状

出所：厚生労働省（編）『厚生労働白書（平成20年版）』ぎょうせい，2008年，p. 91を一部改変。

地域の学校と協力し，地域子育て支援拠点などにおいて児童期や思春期の子どもたちが乳幼児と触れ合う機会を設けたり，子育て当事者も参加するNPO活動などと連携して，地域の子育て支援に関する行政サービスを紹介するホームページや情報誌の作成を行ったりするなど，公的な助成のもとで地域住民の交流や参画を進めていく取り組みなども，各地で進められています。

少子化という問題の有無にかかわらず，どのような時代にあっても，またどの地域においても，次世代を担う子どもたちを健やかに，そして豊かに育てていくことは，社会全体で共に考え，取り組むべき大きなテーマです。子どもの最善の利益の保障という普遍的な理念を共有しながら，めまぐるしく変化する社会情勢に即して，子どもとその家庭の抱えるさまざまなニーズに対応していくために，広くかつ細やかな視点で子どもと子育て家庭を取り巻く環境を捉え，実効力のある支援の展開に取り組んでいくことが求められています。

> **本章のまとめ**
>
> 　子育て支援施策は，1990年代以降少子化対策および次世代育成支援という視点のもと展開され，2015年度からは新しい制度の施行も始まりました。幼児教育・保育と地域子育て支援において，今後も量・質両面でのさらなる拡充により，社会全体で子育てを支えていくことが求められています。

第 6 章
子育て家庭支援のための社会資源と地域のネットワーク

● ● ●

> **ポイント**
> 1 子育て家庭の支援に関わるさまざまな社会資源とその特徴を理解しよう。
> 2 子育て家庭の支援に関わる機関・施設や組織，人について理解しよう。
> 3 地域における支援のネットワークの重要性を理解しよう。

1 子育て家庭を支える社会資源

　子育ては，育てる者に成長の喜びや子どもとふれ合う楽しさ，充実感などかけがえのない多くのものをもたらしてくれますが，同時に，相当なお金や時間，心身両面における負担のかかることでもあります。また，子どもは周囲のさまざまな人との関わりを通して育っていく存在です。どの家庭においても，保護者のみで子育てをしていくことは不可能であり，また子どもの健全な育成という点で適切ではありません。「家庭（保護者）が子育ての責任を果たす」ということは，子育て家庭が他の誰にも迷惑をかけないということや，周囲からの支えや助けを得ずに自分たちだけで子育てをしていくということではなく，必要に応じて主体的に選択・判断しながらさまざまな有形・無形の支援を利用し，子どもの健やかで豊かな育ちを保障することを指します。同時に，子育て家庭において，家族それぞれの自己実現が図られていることもまた重要です。こうしたことを踏まえて，社会には，次世代育成の観点から地域全体で子どもと子育て家庭を支えていくことが求められます。

　子育て家庭の抱えるさまざまなニーズを充足するために利用することのできる制度，機関・施設・組織，人，技術，知識，資金，設備，物資などを総称して，社会資源と呼びます。本章では，このうち機関・施設・組織と人に焦点を

第6章　子育て家庭支援のための社会資源と地域のネットワーク

あてて紹介します。

　表6-1に示すように，子育て家庭に対して何らかの支えや助けを提供することのできる機関・施設・組織と人は，制度化されているもの（フォーマルな資源）とされていないもの（インフォーマルな資源），その機能や支援内容，支援者の専門性および権限，支援の継続性や安定性，柔軟性，利用者による費用負担の有無など，条件によってさまざまであり，それぞれに異なる特徴をもっています。さらに，子育て家庭の支援自体を主な目的とするものだけでなく，営利を目的とし企業の経済活動としての側面ももつ家事代行などの分野のサービス業や，親族・友人をはじめとする，保護者や子どもとの私的なつながりも，広く現代の子育てを支える社会資源の一部として捉えることができます。

　子育て家庭が，こうした多様な社会資源について，それぞれのもつディメリットをうまく補いながらメリットを活かして，より有効に活用していくためには，まず地域の社会資源とその特徴を認知していることが重要となります。そのため，社会資源をつくったり増やしたりしていくことだけでなく，それらに関する情報提供や社会資源同士のネットワークづくりといった支援も欠かすことができません。特に，転居などにより，既存の身近な人間関係を通じて地域の情報を得ることができない家庭や，何らかの理由によって自ら支援を求めにくい・求めようとしない，あるいは周囲が支援の必要性に気づきにくい状況にある家庭を，どのようにして支援に適切かつ早期につなげていくかということは，大きな課題です。より身近な場所で情報を得られるようにする，できるだけ1か所で多くの情報を集約できるようにする，広報誌やインターネットなど多様な媒体を通じて情報を発信する，アウトリーチ[*1]やマッチング[*2]によってニーズの早期発見や支援との適切な調整を行うなど，子育て家庭の社会資源へのアクセス力を高めるような取り組みや工夫も必要となっています。

---

*1　**アウトリーチ**　ニーズを抱えていながら支援を求めない，求められない人々に対して，支援を行う側が訪問などによって積極的に働きかけ，支援の実施を目指すこと。
*2　**マッチング**　支援を必要とする人と，必要な支援を提供できる社会資源とを，仲介・調整すること。

表6-1 子育てを支える社会のさまざまな資源

子育て家庭の支援に関わる社会資源	主な例	特徴
公的な施設・機関	児童相談所 市町村役所 福祉事務所・家庭児童相談室	・自治体が設置する ・行政による支援を得られる ・利用手続きが設定されている
保育・教育・保健医療機関 児童福祉施設	保育所・幼稚園・認定こども園 地域子育て支援センター 病院 保健所・保健センター 児童館・児童遊園 等	・公立・民間（社会福祉法人等）の組織による公的な支援を得られる ・保育・教育や保健・医療の専門職（保育士・医師・保健師・助産師等）による支援を得られる ・安定的，継続的な支援を受けられる
非営利の組織・人材	民生委員・児童委員 NPOによる子育て支援活動 ファミリー・サポート・センター 子育てサークル・ボランティア 地域の自治会活動 等	・地域住民や子育ての当事者らによって支援が行われる ・公的な助成を受ける場合もある ・支援者の互助，愛情，善意を基盤に成立している ・地域ネットワークをつくりやすい ・公的支援に比較して対応の柔軟性が高い一方，継続性や安定性が低い ・支援の専門性にばらつきが大きい
営利の企業や組織	塾・けいこ事の教室など 託児施設 家庭訪問保育（ベビーシッター） 家事の代行サービス 通販・宅配サービス 等	・利用者（保護者）の支払うサービスの代金により利益を得て維持・発展する（採算のあわない事業・サービスは実施されない） ・サービスの利便性・専門性や質・費用のバランスは，利用者の判断による
個人的（私的）な人間関係	家族・親戚・友人・知人 近隣の住民・子育ての仲間 （ママ友など）	・子どもや保護者にとってもっとも身近に支援を得られる ・安心感や信頼感がある一方，利害関係や不和が生じる場合にはかえって負担となるなど，関係性の影響が大きい ・支援の専門性が低い

出所：筆者作成。

第6章　子育て家庭支援のための社会資源と地域のネットワーク

　子育てに関するニーズと利用する・できる社会資源は，それぞれの家庭によって異なります。個々の家庭の置かれている状況に応じて，どのような支援が求められているのか，またどのような支援が可能なのかを理解することは，これから地域のなかで新たな社会資源を開発し，支援の充実や発展を目指していくうえで欠かせません。同時に，地域のなかで顕在的・潜在的に存在するさまざまな社会資源について，その活用を促進していくための環境づくりも求められています。支援者には，ニーズと社会資源の両面から，子育て家庭とそれを取り巻く地域社会とを広く全体的に把握する視点が必要といえます。

② 子育て家庭支援に関わる機関・施設・組織と人

1 ｜ 子育て家庭への支援を行う主な機関・施設・組織

　営利を伴うものや私的な人間関係を除く子育て支援の社会資源として，自治体等が設置・運営する公的な機関や施設のほか，公立・民間両方による保育・教育・医療・福祉に関する機関や施設と，地域住民や当事者（子育て中の親など）が主体となって行う組織・活動などがあげられます。ここでは，これらのうち主なものについて説明します。[*3]

（1）児童相談所

　児童福祉法に基づき都道府県と政令指定都市に設置が義務づけられている行政機関です。中核市等政令で定める市にも設置できるとされており，2015年4月1日現在，全国に208か所設置されています。主な業務として，子どもについて専門的な知識や技術を必要とするさまざまな相談援助（児童虐待や社会的養護に関すること，心身の障害，非行など）や，障害等に関する調査や判定とそれに基づく指導，子どもの一時保護，施設入所等の措置，市町村に対する連絡

＊3　保育所・児童館やその他の場所における地域子育て支援拠点事業に関しては，本書第10章を参照。

調整や情報提供などが行われています。子ども家庭における課題解決のための支援を担う公的専門機関として，児童福祉司，児童心理司，医師，児童指導員，保育士などの専門職が配置されています。近年は，特に子ども虐待に関する相談件数の増加とその対応が社会的問題となっています。

（2）市町村（子ども家庭福祉・教育等の所管課）
　それぞれの地域の実情に即したきめ細やかな子ども家庭支援が求められるなか，住民にとってもっとも身近な基礎自治体として，市町村の役割が重視されつつあります。
　2003年の児童福祉法改正により，市町村が子育て支援事業を実施することとされ，さらに翌2004年の児童福祉法改正では，子ども家庭福祉相談に応じることが市町村の業務として法律上明確化されました。これにより，それまであらゆる子ども家庭福祉相談について児童相談所が対応することとされてきた体制が改められ，市町村が第一義的な子ども家庭福祉相談窓口として位置づけられることになりました。
　また，子ども・子育て支援制度においては，市町村がその実施主体と定められ，各々の地域のニーズに基づいて計画を策定し，施設などへの給付や事業を行っていくことになりました。これに伴い，多くの市町村で住民に対するニーズ調査を実施したり，保育所等の施設事業者や子育て支援団体関係者，学識経験者，事業主・労働者の代表，子育て当事者（親など）らによる「地方版子ども・子育て会議」を設けたりするなど，市町村が中核となって地域の保育や子育て支援を展開していくための取り組みが進められています。市町村の役割は，今後よりいっそう重要となっていくと考えられます。

（3）福祉事務所・家庭児童相談室
　福祉事務所は，社会福祉法に基づいて設置されている行政機関です。社会福祉全般に関わる業務が行われていますが，子ども家庭福祉の相談を担当する機関として，家庭児童相談室を設置することができるとされています。家庭児童

相談室では、児童相談所と比較してより身近な相談機関として、子どもの障害や養育環境、非行や不登校などに関する相談を受けつけています。

(4) 保健所・保健センター

いずれも地域保健法の規定に基づき設置されています。保健所は地域住民の健康の保持や増進、疾病等の予防、公衆衛生の向上など多くの業務を担っており、地域保健の要ともいえる機関です。保健センターでは、主に健康・保健分野に関する相談や診査、指導などの地域に深く密着したサービスが実施されています。子ども・子育てについては、保健師を中心に、地域の乳幼児の健康診査や家庭への訪問指導、妊婦を対象とした講習会や父親・母親のための育児学級の開催など、主に母子保健や妊娠から出産後の子育て初期における支援の領域で、多様な役割を果たしています。

(5) 保育所

児童福祉法に基づき、保育を必要とする乳幼児の保育を目的とする施設です。また、地域の住民に対して保育に関する情報の提供を行い、保育に関する相談に応じるよう努めることも規定されています。

保育所における保育の内容は、保育所保育指針に示されています。保育所ではこの保育指針に基づき、0歳から就学前の子どもたちの健全な心身の発達を図ることを目的として、家庭の多様化する保育ニーズに応えながら、養護と教育が一体的に行われています。

なお保育所保育指針は、2008年の改定により、2009年度から、厚生労働大臣の定める告示として、すべての保育所が遵守すべき法的規範性をもつものとなりました。この保育所保育指針のなかで、保育所は子どもの保育とともに「入所する子どもの保護者に対する支援及び地域の子育て家庭に対する支援等を行う役割を担う」こととされており(第1章「総則」)、第6章「保護者に対する支援」において、その基本的な内容や姿勢が明記されています。

（6）幼稚園

「幼児を保育し，幼児の健やかな成長のために適当な環境を与えて，その心身の発達を助長する」ことを目的として学校教育法に基づき設置されている教育機関です。保育の対象は満3歳から就学前の幼児で，標準の教育時間は4時間と定められています。2007年の学校教育法改正により，幼児の教育に加えて，家庭や地域における幼児期の教育支援に努めることが新たに盛り込まれました。また，多くの幼稚園で標準の教育時間外の預かり保育や，さまざまな子育て支援活動が実施されています。

こうした流れを受けて，幼稚園における保育内容を定めた幼稚園教育要領においても，2008年の改訂において，幼稚園と家庭との連続性の確保や預かり保育の具体的な留意事項，子育て支援活動の内容などが示されました。

（7）認定こども園

「就学前の子どもに関する教育，保育等の総合的な提供の推進に関する法律」（認定こども園法）により，2006年10月から新たに制度化された施設です。図6-1に示すように，就学前の教育と保育を一体的に提供するほか，地域における子育て支援の役割も担うこととされています。

認定こども園法は，新しい子ども・子育て支援制度に向けた改革の一環として，2012年に一部改正されました（本書第5章参照）。また，2014年には保育の内容に関して幼保連携型認定こども園教育・保育要領が告示され，第1章「総則」において，園児の保護者および地域の子育て家庭に対する支援の基本的な考え方や内容が示されています。

（8）児童館

「児童に健全な遊びを与えて，その健康を増進し，又は情操をゆたかにする」ことを目的とする児童厚生施設の一つで，児童福祉法に基づき設置されるものです。子どもの健全育成に関わるさまざまな活動のほか，地域の親子の交流などの子育て支援事業も行われています。

第6章　子育て家庭支援のための社会資源と地域のネットワーク

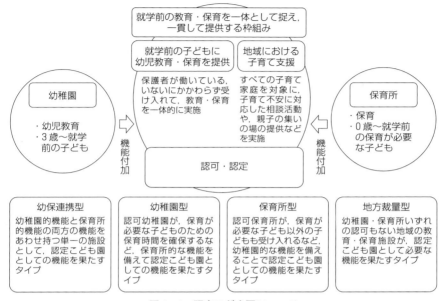

図6-1　認定こども園について

出所：内閣府資料（http://www8.cao.go.jp/shoushi/kodomoen/gaiyou.html：2016年4月20日閲覧）。

（9）社会福祉協議会

　社会福祉法において，地域福祉を推進する中心的な民間の非営利組織として位置づけられています。全国社会福祉協議会のほか各都道府県，市町村に設置されており，社会福祉に関する調査研究や企画，広報，普及活動，研修事業等を行う団体です。

2　子育て家庭への支援を担う人々

　行政機関や教育・医療機関，児童福祉施設など公共の機関や施設では，子どもの福祉や教育，保健医療，心理等に関するさまざまな専門性を備えた職員が，それぞれの役割や機能に応じて子育て支援を行っています。また，訪問型保育（いわゆるベビーシッター）や認可外保育施設の保育者などのように，民間の企業等に勤務する立場で子育て家庭を対象とするサービスを行う人や，NPO で[*4]

の子育て支援活動に従事するスタッフも，子育て支援に携わる人々です。

　子育て支援に関わる多くの職場において，そこで働く人々の職種や資格，雇用や勤務の形態は非常に多様です。子育て支援のニーズがますます多様化・拡大するなかで，それに応えられるだけの力を支援の現場が培っていくための前提条件として，こうした多様な立場の人々が理念を共有しながら協働し，一人ひとりの資質と組織全体としての支援の質をより向上させていくことのできるような職場の環境や体制づくりは欠かせません。また，働く人の意欲を支える安定した雇用や待遇の改善も，人材確保の点から重要な課題となっています。

　一方，民生委員や児童委員および主任児童委員[*5]，ボランティア，子育てサークルや当事者団体のメンバーなど，地域の住民，あるいは自らが子育て中の当事者という立場で，職業としてではなく自主的に子育て支援を行っている組織や人々も，地域には数多く存在します。こうした地域住民や子育て当事者による活動の資金や場所，企画運営の方法は，それぞれに異なりますが，住民同士の自発的なつながりを形成することによって地域社会全体の子育て力を高めていくという観点から，児童館などの公共施設が活動場所を提供したり，行政が活動資金の助成を行ったりするなど，これらの活動に対する公的な援助もさまざまな形で行われています。

　住民として地域と密に関わる人々が主体的に展開する活動においては，子育て家庭の個別的なニーズに柔軟に応じることが可能であることや，活動を通じて近隣に暮らす幅広い世代間の交流が得られることなどが大きな利点です。長期的に見れば，こうした活動によって，支援を受けた親子の地域に対する愛着が育まれ，やがてはその人たちが何らかの形で今度は地域への支援を行う側に

---

*4　NPO（non-profit organization：**民間非営利組織**）　営利を目的とせず，子どもの健全育成やまちづくりなど広く社会の利益に貢献する活動を行う団体を指す。1998年に施行された特定非営利活動促進法により法人格の取得が可能となった。

*5　民生委員法に基づき，厚生労働大臣の委嘱を受けた地域住民が無報酬で生活の相談や支援活動を行うものを民生委員という。市町村の民生委員推薦会により選考される。児童委員・主任児童委員は，児童福祉法によって民生委員が兼任することとされている。児童委員は児童・妊産婦の生活および環境の状況把握や保健・福祉に関する情報提供，援助等を行い，主任児童委員は，児童福祉関係機関と区域担当の児童委員との連絡調整や区域担当の児童委員に対する援助・協力を行う。

なっていくという循環が生まれることも，より子育てのしやすい社会づくりという点で，大きな意味があります。保育所をはじめとする地域の子育て支援拠点には，こうした活動がより多くの人に開かれかつ継続的なものとなるよう，活動主体との連携や交流の機会づくり，情報の把握・収集と提供に努めることが求められます。

③ 地域における子育て支援のネットワーク

ある一つの機関・施設や特定の人が行うことのできる支援には，限界があります。また，図6-2に示した障害のある子どもに対する発達支援の例のように，子どもの成長発達に伴い，支援に関わる機関や施設は変わっていきます。

関係するさまざまな社会資源が情報を共有し互いに連携することによって，ライフステージを超えた切れ目のない継続的な支援や，それぞれの行う支援に他のところでの支援を反映させたり活用したりすること（たとえば，療育機関で行われるトレーニングの要素を，保育所における日常の保育のなかで子どもの遊びや生活に取り入れるなど），支援の対象となる子どもや家庭についての多面的な情報収集などが可能となり，全体として子どもとその家庭に対するより質の高い支援の提供へとつながっていくことが期待されます。

異なる機関や施設，専門職が連携するにあたっては，それぞれの機能や役割，特性などを互いに十分理解しておくことが求められます。どこで，誰によって，どのような支援が行われているのか，各々のできること・できないことはどのようなことなのかを理解したうえで，支援の方針や役割分担を確認することにより，子育て家庭をもっとも適切な支援へとつなげることが可能となります。

また先にも述べたように，子育て支援に関わる人々の立場は公務員や法人等の職員，ボランティアなどさまざまです。子どもや子育てについての専門性や地域における当事者性，経験の幅や年齢などもそれぞれに異なります。こうした多様な人々が，それぞれの特徴やそれに伴う「強み」（安定性や柔軟性，権限やきめの細かさなど）を発揮しつつ互いにつながりをもつことも，地域全体と

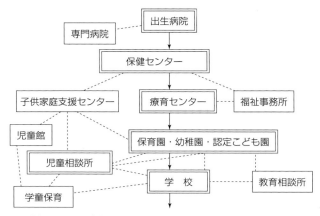

図6-2 子どもの発達と障害を支援する地域の専門機関
出所：吉川はる奈「地域の専門機関との連携への支援とコンサルテーション」東京発達相談研究会・浜谷直人（編著）『保育を支援する発達臨床コンサルテーション』ミネルヴァ書房，2002年，p.198を一部改変。

してよりよい子育て環境をつくっていくうえで非常に重要でしょう。

　実際には，地域にある複数の独立した機関や施設が緊密に連携をとりながら支援を展開していくことは，難しいことも多いのが現状です。支援を必要としている家庭に関する情報が関係機関の間で共有されていなかったために，子どもの成長や転居などに伴って支援が途切れてしまうこともあります。また，あるところではその家庭の求めている支援が受けられなくても，他のところでは支援が得られる状況であったのに，支援者がそのことを知らなかったために情報を伝えられず，利用につながらないといったケースも生じています。

　先にも述べたように，地域のさまざまな情報を集約したり関係機関の連絡調整を行ったりすることによって，子育て家庭がより支援につながりやすくなること，そして支援を提供する側が状況に応じて連携していけるような継続的ネットワークをつくっていくことは，今後の大きな課題です。地域のネットワークを構築していくためには，関係機関の人々が日常的に顔の見える関係をつくっておくことや，全体のとりまとめを担う仕組みが必要となります。

　こうしたことを踏まえ，本書第5章でも示したように，子ども・子育て支援

第6章　子育て家庭支援のための社会資源と地域のネットワーク

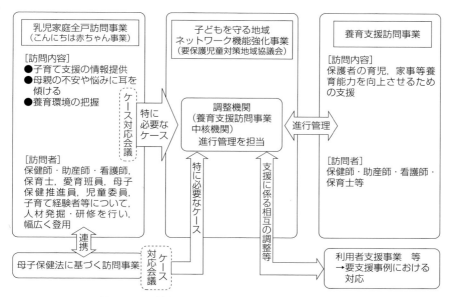

図6-3　子どもを守る地域ネットワーク機能強化事業
出所：内閣府・文部科学省・厚生労働省「子ども・子育て支援新制度ハンドブック　施設・事業者向け（平成27年7月改訂版）」2015年，p.21。

制度では，地域子ども・子育て支援事業の一環として，利用者支援事業や子どもを守る地域ネットワーク機能強化事業（図6-3）が盛り込まれました。また，要保護児童対策地域協議会をはじめとして，多くの地域において子ども・子育て家庭に関わる関係機関の連絡会議を設置する取り組みが進められています。そして，保育所等の地域子育て支援拠点には，こうした地域のネットワークの要として，支援の最初の窓口や関係機関の紹介，連絡調整といった機能を果たすことが期待されています。

　一方で，子育て支援の大きな目標の一つは，子育て家庭が自らを育んでいけ

＊6　**要保護児童対策地域協議会**　虐待を受けた子どもやその疑いのある子どもなど，要保護児童の早期発見と援助・保護を目的として，地域の関係機関および民間団体等が情報の共有や連携を図るための協議会。支援の必要な妊婦（特定妊婦）にも対応する。児童福祉法において，各自治体に設置することが努力義務化されている。

る力を養うこと(エンパワメント)であるのも忘れてはならないことです。どのような社会資源をどのくらい利用するか判断するのは主に保護者ですが，その利用の状況を「子どもにとって適切であるか(生活や情緒の安定，健康の維持，発達の保障等の面で)」という視点から客観的に捉え，子どもの最善の利益に反すると考えられる場合などには，利用を控えることや他の選択肢を保護者に助言・提案することが必要となることも，ときにはあり得ます。保護者にとって便利でコストのかからないサービスを，より多く・長く利用することが，子どもや親子の関係にとって本当に「良い」とは，必ずしもいえないからです。

　子育て支援のさまざまな社会資源が，各家庭の状況に応じて適切に活用されることによって，子どもの育ち，親の育ち，そして親子や家族の関係の育ちがそれぞれにより深く豊かなものとなることこそ，支援の最大の意義であり役割といえます。個々の支援サービスの拡充とともに，こうした地域におけるネットワークを構築してそれを最大限に活かしていくことが，必要とされています。

本章のまとめ

　子育て支援の社会資源は非常に多岐にわたっており，そこに関わる人々の立場や専門性もそれぞれに異なります。支援にあたっては，各家庭の実状や地域の社会資源を把握し，多様な組織や人が連携・協働していくことが重要です。

第 7 章
保育者による家庭支援の基本

> ポイント
> 1 保育者が行う家庭支援の意義・目的を理解しよう。
> 2 保育者による家庭支援の対象とそれに応じた援助の内容について理解しよう。
> 3 子育て支援サービスの多様性と機能の諸側面を理解しよう。

１　保育者が行う家庭支援の意義・目的

1　保育者が行う家庭支援の意義・目的

　保育所をはじめとする保育の場において、子どもの心身の成長を支え促すためには、日々の保育を通して、一人ひとりの良さや内面、発達状態など、子どもを多面的に見ることが必要です。しかし、子どもと直接関わっている時間のなかだけでは、その育ちや生活のすべてを捉えることはできません。子どもの生活や発達の連続性を踏まえ、成育歴、家庭、保護者、地域との関わりなど、その子どもを取り巻く環境全体とその状況・状態もあわせて見なければ、捉えきれない姿もあります。

　したがって、保育者による家庭支援の第一歩は、子どもの育ちを保護者と共有することから始まります。子育てのパートナーとして、子どもの成長を伝え合い喜び合うことで信頼関係が築かれ、子どもを中心においた共通理解が図られます。それによってはじめて、保護者と家庭の状況に応じた支援が可能となるのです。

　保護者の子育てへの意欲や養育力が向上し、家庭環境や家族の関係が安定し温かなものとなることが、子どものより良い育ちへとつながります。子どもの

最善の利益を考慮し、生涯にわたる発達を見据えたうえでその福祉を積極的に増進するために、保護者にとって身近な存在である保育者が行う家庭支援が必要とされるのです。

2 家庭支援を行う保育者の専門性

保育所保育指針には「入所する子どもの保護者に対し、その意向を受け止め、子どもと保護者の安定した関係に配慮し、保育所の特性や保育士等の専門性を生かして、その援助に当たらなければならない」（第1章「総則」3　保育の原理（1）保育の目標イ）とあります。保育士をはじめ、家庭支援に必要な保育者の専門性として、以下のような要素があげられます。

（1）保育者としての倫理

全国保育士会倫理綱領には、子どもの育ちを支えること、保護者の子育てを支えること、子どもと子育てにやさしい社会をつくることが目標とされています（表7-1）。そして、「保護者との協力」として、「私たちは、子どもと保護者のおかれた状況や意向を受けとめ、保護者とより良い協力関係を築きながら、子どもの育ちや子育てを支えます」と謳われています。

保育所保育指針では、こうした倫理観に裏づけられた専門的知識、技術および判断をもって保護者支援を行うことが求められています。

（2）知　識

保育所保育指針では、保護者の関わりなどを見守り、保護者の気持ちに寄り添いながら適宜援助をしていく関係構築の知識、および保護者等への相談・援助に関する知識が求められています。

（3）技　術

保護者との関係を構築する技術、相談・援助に関する技術など、知識に基づく援助技術が求められます。保護者を個別に援助する個別援助技術（ケースワ

第7章　保育者による家庭支援の基本

表7-1　全国保育士会倫理綱領

　すべての子どもは，豊かな愛情のなかで心身ともに健やかに育てられ，自ら伸びていく無限の可能性を持っています。
　私たちは，子どもが現在（いま）を幸せに生活し，未来（あす）を生きる力を育てる保育の仕事に誇りと責任をもって，自らの人間性と専門性の向上に努め，一人ひとりの子どもを心から尊重し，次のことを行います。

　　私たちは，子どもの育ちを支えます。
　　私たちは，保護者の子育てを支えます。
　　私たちは，子どもと子育てにやさしい社会をつくります。

（子どもの最善の利益の尊重）
1　私たちは，一人ひとりの子どもの最善の利益を第一に考え，保育を通してその福祉を積極的に増進するよう努めます。

（子どもの発達保障）
2　私たちは，養護と教育が一体となった保育を通して，一人ひとりの子どもが心身ともに健康，安全で情緒の安定した生活ができる環境を用意し，生きる喜びと力を育むことを基本として，その健やかな育ちを支えます。

（保護者との協力）
3　私たちは，子どもと保護者のおかれた状況や意向を受けとめ，保護者とより良い協力関係を築きながら，子どもの育ちや子育てを支えます。

（プライバシーの保護）
4　私たちは，一人ひとりのプライバシーを保護するため，保育を通して知り得た個人の情報や秘密を守ります。

（チームワークと自己評価）
5　私たちは，職場におけるチームワークや，関係する他の専門機関との連携を大切にします。
　また，自らの行う保育について，常に子どもの視点に立って自己評価を行い，保育の質の向上を図ります。

（利用者の代弁）
6　私たちは，日々の保育や子育て支援の活動を通して子どものニーズを受けとめ，子どもの立場に立ってそれを代弁します。
　また，子育てをしているすべての保護者のニーズを受けとめ，それを代弁していくことも重要な役割と考え，行動します。

（地域の子育て支援）
7　私たちは，地域の人々や関係機関とともに子育てを支援し，そのネットワークにより，地域で子どもを育てる環境づくりに努めます。

（専門職としての責務）
8　私たちは，研修や自己研鑽を通して，常に自らの人間性と専門性の向上に努め，専門職としての責務を果たします。

　　　　　　　　　　　　　　　　　　　　　社会福祉法人全国社会福祉協議会
　　　　　　　　　　　　　　　　　　　　　　　　　　　　全国保育協議会
　　　　　　　　　　　　　　　　　　　　　　　　　　　　　全国保育士会

ーク)[*1]，保護者を集団として援助する集団援助技術(グループワーク[*2])，さらに，保護者が生活する地域に働きかける地域援助技術(コミュニティワーク[*3])がその専門性として求められます。

　特に，個別の支援を行う際にはケースワークの原則(バイステックの7原則：①個別化，②意図的な感情の表出，③統制された情緒的関与，④受容，⑤非審判的態度，⑥自己決定の尊重，⑦秘密保持[*4])に則り，その人の本来もつ力を高めながら問題の解決・緩和を行うような支援が求められます。

(4) 判　断

　保護者支援のための専門的な知識や技術は極めて重要となりますが，そのうえ，倫理観に裏づけられた「判断」が強く求められます。実践における判断力を身につけるためには，実践の後のみならず実践のなかでも，常に自己を省察すること(反省的実践家[*5])が必要です。また，組織の一員として共通理解と協働を図ることで，その状況に応じた判断が可能となります。この状況に応じて判断する力は保育者の専門性として欠かせないものとなっています。

(5) 豊かな人間性

　保育者は，一人ひとりの子どもの最善の利益を尊重し，保護者も含め，保育

＊1　**ケースワーク(個別援助技術)**　個人や家族を対象にした社会福祉援助の方法。個人とその環境との相互作用に焦点をあて，個人の内的変容と社会環境の変化の双方を視野に入れて援助過程を展開する。参考：山縣文治・柏女霊峰(編集代表)『社会福祉用語辞典(第9版)』ミネルヴァ書房，2013年，p.74。

＊2　**グループワーク(集団援助技術)**　グループを活用して個人の成長や問題の解決を促す援助技術。グループダイナミックスやプログラム活動を媒体にし，メンバーの成長や課題の達成を目的とするなど4つの原則がある。参考：同上書，p.69。

＊3　**コミュニティワーク(地域援助技術)**　地域社会で生じる問題を地域住民自らが組織的・計画的に解決していけるよう側面的援助を行う過程およびその方法・技術。参考：同上書，p.109。

＊4　**ケースワークの原則(バイステックの7原則)**　本書第8章参照。

＊5　**反省的実践家**　ドナルド・ショーン(1923-1997)が，これまで求められてきた技術的熟達者ではなく，行為のなかの省察に基づく新たな専門家像を提唱した。行為の後の反省と行為のなかの反省，行為についての反省を区別した。専門家とは「判断」も含めて常に省察をしていることを位置づけた。参考：ドナルド・ショーン，佐藤学・秋田喜代美(訳)『専門家の知恵――反省的実践家は行為しながら考える』ゆみる出版，2001年。

を通してその福祉の向上に努めなくてはなりません。保護者と信頼関係を構築し，適切な援助を行うために，保育者の豊かな人間性が基盤となることはいうまでもありません。そのために，子どもだけでなく，大人からも信頼される人間性を獲得することが望まれます。倫理綱領にあるように，保育者は，常に自ら人間性と専門性の向上に努めていかなくてはいけないのです。

3 │ 保育・子育て支援施設（保育所等）の特性を活かした家庭支援

　保育所をはじめ，子どもが利用することを前提につくられた保育や子育て支援のための施設には，人的・物的環境などハード面と，援助や関わり・配慮といったソフト面双方において，さまざまな特性があります。

　ハード面では，人の配置や構成（保育者や栄養士，看護師等，専門性を有する職員など），モノ（子どもにとって安全で使いやすい構造の建物や設備・玩具や遊具など），空間，情報等があげられます。また，ソフト面では，保育者の子どもへの関わり方や見方，安全への配慮，栄養や食事の配慮，子ども同士の関わり，保護者同士の関わりなどがあげられます。

　これらを活用することで，たとえば，のびのびと親子で遊ぶことのできる機会や居場所ができる，保育者や他の保護者たちから子育てに関する実践的なアドバイスやモデルが得られる，子どもの成長を実感したり少し先の育ちを見通したりすることができる，悩みや不安を気軽に相談できるといった，多様な家庭支援が可能となります。日常的に親子で訪れることのできる身近な施設だからこそ，地域の子育て家庭に対する支援の拠点として重視されるのです。

❷　家庭支援の対象と支援の内容

1 │ 子育て家庭の状況の多様性

　子育て家庭の状況は，保護者やその家庭がおかれている状況により，支援のニーズや程度に大きな違いがあります。そのニーズは，表面化し顕在化してい

る場合（顕在的ニーズ[*6]）もあれば，表面上はわかりにくく潜在化している場合（潜在的ニーズ[*7]）も多く，何をどの程度行うかはその事例によっても異なります。まずは，なぜそういった状況にあるのかを把握・分析することが必要となります。

（１）自助努力で解決・緩和が可能な場合

健康的な家庭では，たとえ子育てをするうえで何らかの問題が生じても，基本的には自分たちで対処が可能な状況にある場合が多くあります。知り合いや専門家に話を聞いてもらったり，ちょっとしたアドバイスを受けたり，情報を得ることで，解決・緩和が図られることが多くあるため，基本的には，側面的支援が求められます。

必要な支援を自ら求めることができるため，その支援があることを知れば，自ら入手・活用することができます。

（２）子育てに必要な力や資源に乏しい場合

保護者の生活圏の周囲に仲間や親族などがいない，社会的なつながりが少なく孤立している場合（関係をもてなかったり，自ら関係を絶ってしまったりする）は，安心できる仲間や専門的な支援が必要になります。

また，経済的に困窮していたり，周囲のさまざまな支援につながりにくい（知らない・求めない・隠そうとする・避ける）場合も同様です。特に，貧困[*8]や虐待[*9]・DV[*10]など深刻な問題がすでに顕在化しており，それを自分たちで解決する

---

* ＊6　**顕在的ニーズ**　たとえば，就労などの理由で子どもの保育を必要としている場合などは顕在的ニーズがあるといえる。
* ＊7　**潜在的ニーズ**　たとえば，保護者に育児不安などがあり，周囲は一時預かりなどを利用したほうがよいと思っているが，本人に自覚がなく利用しない場合などは潜在的ニーズがあるといえる。
* ＊8　相対的貧困等については，本書第13章脚注＊5参照。
* ＊9　虐待については，本書第12章参照。
* ＊10　DV（ドメスティックバイオレンス）　配偶者暴力相談支援センターにおける相談件数は，2013年度は10万2,963件であった。また，警察における認知件数は，2014年度に5万9,072件であった。さらに，婦人相談所における一時保護件数は2013年度1万1,623件であった。

（3）「気になる親・家庭」と認識される場合

　問題が顕在化していない，もしくは本人がそれほど深刻に受け止めていない場合，状況が少し変化すると（2）で示したような状態に陥ってしまう可能性があります。このような家庭や保護者，子どもについては，困難に陥った場合に介入ができるような準備が必要となります。

　このような場合は，周囲とのつながりから，いち早く問題に気づいたり支援したりすることで，事態が深刻化することを防ぐことができます。また，家庭の力を高めること（エンパワメント[*11]）で，（1）で示したような状況に近づけることができるのです。問題を抱える者とは，パワーの弱った者であり，パワーの欠如状態であると捉え，弱っているパワーは何かを明らかにし，問題を改善する力を身につけ，自己決定できるように働きかけるのです。

2　家庭の状況に応じた援助

　子育て家庭の状況に応じた援助のためには，アセスメントと見守りが重要となります。まず，家庭（子どもや保護者，地域との関係）の状況をアセスメントし，なぜそういう状況にあるのか，また，どうしたら解決・緩和するのかを検討することが必要となります。また，定期的にその状況が改善されたかどうかを評価すること（モニタリング）も必要となります。しかし，どんなに継続的に援助しても，就学や転出などにより，解決せずに援助が終結することがあります。そのためにも，支援が継続するように，関係機関との連携は欠かせないのです。

　先の（1）で示したような場合，予防・啓発のための支援（情報提供および関係づくり）が必要になります。これは，より多くの家庭に向けて，本来あるはずの家庭の力（ストレングス[*12]）を高め，問題を発生しにくくするための支援

---

*11　**エンパワメント**　本書第1章脚注＊5参照。
*12　**ストレングス**　本書第1章脚注＊6参照。

です。たとえば，子育て講座や仲間づくりを目的とした活動などがあります。子育て講座についても，講演を行うだけでなく，同じテーマに関心のある人同士が話し合ったり，自らの体験を語り合うことで学び合えるようなスタイルの講座は，情報を得るだけでなく，つながりをつくる手助けとなります。

　先の（2）で示したような場合，その事例ごとに，しっかりとアセスメントを行い，緊急対応・問題対処のための支援問題の確認・把握をすることが求められます。また，適切な対応の判断のためにケース会議を行い，必要に応じて関係機関の連携など，専門的な支援を展開する必要があります。問題が早期に解決せずに長期にわたる支援を必要とする場合も多くあります。たとえば，児童相談所との連携，家族への治療・カウンセリング，場合によって社会的養護や自立支援・養育支援の制度の利用なども考えられます。

　先の（3）で示したような場合，問題への早期発見と継続的な見守り，深刻化の防止・家族の養育力を高めるための支援が必要となります。この場合もアセスメントを行うとともに定期的なモニタリングやケース会議が必要となります。早期に社会資源につなげたり，個別的な配慮に基づく支援や定期的な相談援助，同じ課題をもつ自助グループの形成などが求められます。

3 │ 保育者による家庭支援の展開プロセス

　保育の現場には，身近な日常生活のなかで親子に関わる場であるからこそ，潜在的な問題にもいち早く気づきやすく，継続的に見守り，支援していくことができ，生活実態に即した実践的な支援ができるといった強みがあります。保育者による家庭支援は，そうした強みを活かして行われます。

　支援や問題の発見については，保育者個人レベルでは解決が難しく，園としていかに対応するかという姿勢が必要になります。保育者がその家庭や保護者の問題に気づいたならば，組織としての共通理解を図ることが必要となります。そのために，情報収集と現状確認，記録，評価を行い，しっかりとアセスメントを行います。さらに，園のなかでの支援体制（支援の方針の共有と役割分担）を構築し，組織的に親・子への支援を行います。必要に応じて，関係機関との

第7章 保育者による家庭支援の基本

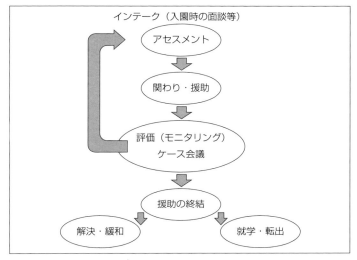

図7-1 家庭への個別援助の過程
出所：筆者作成。

連携や情報共有を行い，対応の評価（モニタリング）と今後の支援計画作成を行います。これを繰り返すことによって，問題の解決・緩和に向かって援助することができるのです（図7-1）。

③ 多様な子育て支援サービス

1 │ 保護者への心理的支援

　保護者への心理的支援については，まず，信頼関係（ラポール）の構築が必要になります。また，保護者とのほどよい関係を意識し[13]，保護者から悩みや不

＊13　**ほどよい関係**　尾崎新は，ウィニコットの母子関係のモデル（good enough）を引用し，援助者と被援助者における「ほどよい関係」を提唱した。この場合関わり方の限界を知ることや関わる際の自分の気持ちを吟味することの重要性を指摘している。参考：尾崎新『ケースワークの臨床技法』誠信書房，1994年。

安を相談されるような関係を構築することが必要です。そのためには，日常からコミュニケーションを図るとともに，ちょっとしたしぐさの変化や保護者からの話に積極的に耳を傾けることが信頼関係の基礎となります。保護者の話を聴く際には，決して否定せず，保護者のあるがままを認め受容するとともに共感的態度で接することが基本となります。そしてこうした積み重ねが保護者の自己肯定感や子育ての意欲を高めることにもつながります。

そして，日常の関係性のなかで，精神的なストレスや不安を軽減することで，その後の相談援助関係をつくることにもつながり，何かあっても「一人ではない」という安心感を与え，困ったときに頼ることのできる選択肢を，保護者の子育て環境のなかにつくることができます。

2 保護者への教育的支援

保護者への教育的支援においては，子どもとの関わりや子どもの見方などの具体的・実践的なモデルを提示することが重要です。たとえば，栄養に配慮した献立の例を示したり，健康のために気をつけたいこと，語りかけや絵本の読み聞かせについての助言・指導を行うなど，専門性を生かした取り組みが考えられます。

その際に，一方的に伝えるだけでなく，保護者同士の経験に即して学び合えるような形式の教育・啓発の方法も広がっています。

さらには，父親の育児への参加や参画，ストレスの緩和などを目的とした「父親講座」や育児をサポートする祖父母への「祖父母講座」などを行う団体等もあり，さまざまな育児の担い手を対象とした教育的支援も行われています。

3 地域社会への情報提供

子ども・子育てや地域の暮らしなどに関する情報や地域の子育て家庭への情報発信が求められています。もっとも身近な児童福祉施設である保育所や幼保連携型認定こども園は，こうした保育や子育て支援の内容に関する情報開示を積極的に行うことが必要であり，地域社会が子育てにやさしい社会となるよう

に一役担うことが，地域への支援につながるのです。

　そのため，情報を得やすくするような場所や手段の工夫が必要です。保護者を巻き込みながら，保護者を伝え手の主体とした冊子を発行したり，インターネットを活用したりしながら双方向の情報提供を行うなど，情報提供の媒体・方法を工夫することも必要です。

4 | 子育て・家事支援

　出産間もない場合や子育ての経験が少ない場合など，具体的な子育てや家事の支援が必要なケースがあります。園では，延長保育や一時預かり，なかには病児保育，夜間保育，休日保育などさまざまな保育サービスを行う園もあります。また，行政で行う支援事業や地域のNPO等の支援事業として，家事支援，産前産後の支援など，さまざまな支援があり，それを活用しながら，子育ての負担を軽減していくことが求められます。したがって，在園児・その他地域の子育て支援を考える場合，こうした地域のあらゆるサービスや資源を理解する必要があります。必要に応じて園として連携を取りながら協同して支援を行う必要もあります。

5 | 子どもの健全育成

　子どもの健全育成を考えたときに，在園している期間を超えて家庭を支えることが求められます。就学後は放課後児童健全育成事業（いわゆる学童保育）や放課後子ども教室，児童館やプレーパークなど，就学後の放課後の過ごし方や遊びと遊び環境の充実も求められてきます。

　近年，子どもの貧困対策の一環で，夕食を提供し子どもやひとり親家庭とともに団らんする「子ども食堂」の取り組みや，家庭での学習環境がつくれない子どもに対して学習支援の取り組みを行う団体が増えてきていますが，子どもの健全育成を全体的に見て，地域という面で支える仕組みが求められています。

6 地域のネットワークづくり

　子どもは地域で育てられます。子育て家庭同士の交流，その家庭が利用する多様な施設（図書館など）と子育て家庭をつなぐことも必要になります。多様な世代がふれ合う機会も重要です。こうした地域のネットワークづくりに，園として参画することで，子どもやその家庭のその後の育ちを見守ることができます。

　また，中高生の職場体験などは，単に「キャリア教育」という側面だけでなく，次の親となる者を育てる「次世代育成支援」の視点があります。彼らの多くは，どのような仕事をするかにかかわらず，結婚し「親」となる人たちです。彼らが園に来て子どもと接し，保育者の子どもへの関わり方を見ることは，彼らが親となったときに必要な現代社会では少なくなっている経験であると考えていくことが必要です。

本章のまとめ

　保育者による家庭支援は，子育てのパートナーとして子どものよりよい育ちを共に支えていくことを目的に，保育の専門性や環境を活かして行われます。養育力や周囲からのサポートなど家庭の状況は多様であり，それらに即した援助が求められます。心理的な支援をはじめ，サービスの内容や対象は多岐にわたって展開されています。

第8章
家庭支援における保育者の基本姿勢と専門性

● ● ●

> **ポイント**
> 1 家庭支援における保育者の基本姿勢について理解しよう。
> 2 援助関係を築き,家庭を支援するための専門性について学ぼう。
> 3 地域資源の活用と関係機関との連携・協働について理解しよう。

① 支援の方向性——パートナーシップと自己決定

1 保護者に対する支援の基本姿勢

　保育所における保護者に対する支援の基本は,保育所保育指針第6章の1に記載されています。それは,表8-1に示す7つの基本姿勢です。保育士はこの基本姿勢を踏まえて,日々の送迎時の関わりや,連絡帳のやりとり,保護者会や保育参観,保育参加などにおいて保護者とコミュニケーションを図り,保護者を支援します。

　また,福祉職である保育士が学ぶべき姿勢として,対人援助職としての基本姿勢があります。バイステック（Biestek, F. P.）は表8-2に示す7つの基本原則を示しました[*1]。これらは保育所保育指針に記載されている保育士の保護者に対する支援の基本と重なる部分もあります。バイステックの7原則は,保育所保育指針に示されている7つの支援の基本に加えて理解することで,虐待対応など福祉的ニーズの高い家庭に対する支援を進める際の助けとなります。これらの基本姿勢は,認定こども園や幼稚園等において援助を必要とする家庭を支

＊1　F. P. バイステック,尾崎新・福田俊子・原田和幸（訳）『ケースワークの原則——援助関係を形成する技法［新訳改訂版］』誠信書房,2006年,p. 27.

表8-1 保育所における保護者に対する支援の基本

① 子どもの最善の利益を考慮し，子どもの福祉を重視すること。
② 保護者とともに，子どもの成長の喜びを共有すること。
③ 保育に関する知識や技術などの保育士の専門性や，子どもの集団が常に存在する環境など，保育所の特性を生かすこと。
④ 一人一人の保護者の状況を踏まえ，子どもと保護者の安定した関係に配慮して，保護者の養育力の向上に資するよう，適切に支援すること。
⑤ 子育て等に関する相談や助言に当たっては，保護者の気持ちを受け止め，相互の信頼関係を基本に，保護者一人一人の自己決定を尊重すること。
⑥ 子どもの利益に反しない限りにおいて，保護者や子どものプライバシーの保護，知り得た事柄の秘密保持に留意すること。
⑦ 地域の子育て支援に関する資源を積極的に活用するとともに，子育て支援に関する地域の関係機関，団体等との連携及び協力を図ること。

出所：厚生労働省「保育所保育指針」2008年，第6章の1より。

表8-2 対人援助職としての基本姿勢
（バイステックの7原則）

① 個別化の原則
② 意図的な感情表出の原則
③ 統制された情緒的関与の原則
④ 受容の原則
⑤ 非審判的態度の原則
⑥ 自己決定の原則
⑦ 秘密保持の原則

出所：バイステック，2006年より作成。

えるうえでも共通するものといえるでしょう。

2 パートナーシップ

　保育所保育指針総則には，「家庭との緊密な連携の下に」保育を行うことが示されています。保育所等に通う子どもは，家庭と園を行き来しながら日々過ごします。保育者は，保護者に子どもの様子や家庭での生活の様子を聞き，園での生活や子どもの姿を伝えます。保護者と保育者がお互いの情報を交換し，その情報を共有し，連携して子どもを保育することは，子ども一人ひとりの生活や遊びを支えるとともに，保育者と保護者の信頼関係の醸成や維持にもつながります。

表8-3 大泣きして登園してきた子ども（あやちゃん）への対応

A：「今日は朝から機嫌が悪いようだ。今朝は雨だったし，子どもだからそんなときもある」と思い，そのまま手をつないだり抱いたりして受け入れる。
B：保護者に「雨で大変でしたね。あやちゃん，今朝はどうしましたか？」と話しかける。

たとえば，朝，大泣きして登園してきた子どもを受け入れる際，保育士はどのように対応すればよいでしょうか（表8-3）。Aは，子どもが泣いている理由を保護者に確認していません。Bは，子どもが泣いている理由を聞き，保護者と情報を共有する姿勢が見られます。Bのように，雨天時の登園の大変さに共感しながら，子どもの悲しい思いのきっかけを聞くことで，子どもの思いに寄り添った関わりを考えることができます。保護者から「雨なのにいつもの靴で行くときかなくて。結局靴が濡れてしまって」との話があれば，「あやちゃん，頑張って歩いてきたんだね。雨で濡れて足が冷たいし，気持ち悪いよね」と話しかけ，「足をタオルで拭こうね。靴は乾かそうね」と子どもの気持ちを受けとめ，子どもの気持ちに寄り添った関わりをすることができます。

保護者はそうした言葉かけや対応から安心して職場に向かうことができるのです。降園時に，「足を拭いたら気持ちが落ちついたようで，すぐに泣きやみました。その後，粘土で遊びはじめて，夢中になって手のひらでころころとまるめていました。こんなにかわいい雪だるまができましたよ」などと状況を丁寧に伝えたり，作品を実際に見せることで，保護者は子どもの1日が楽しいものであったことを聞いて安心することができます。相互がもつ情報を伝え合うことが子どもをよりよく理解し，子どもの育ちを支えることにつながるのです。生物学的な人としての発達の道筋はある程度同じであっても，一人ひとり，さまざまな出来事に対しての感じ方はまったく違います。保護者と保育者がパートナーシップを大切にすることは，一人ひとりの子どもの気持ちを支えるための大切な営みなのです。

また，保育所保育指針第6章の1には，保護者支援の基本姿勢の一つとして，「保護者とともに，子どもの成長の喜びを共有すること」があげられています。それは，共感を超えた同感といわれることもあります[*2]。「先生，昨日うちの子，

立ちました！」という，保護者や保育者にとって感激の瞬間の喜びを共有することもあります。また，「今日もあきらくん，『おしっこ出る』と教えてくれました。トイレに行く途中に少しだけ漏れてしまったのですけど，パンツに濡れていたおしっこはほんの少しだけで。尿意を我慢できるようになってきましたね」と，気づかない場合とても些細なこと，けれども，とても大きな子どもの成長であり，それを言語化して伝える一場面もあります。その成長は，ビニール袋に入った水洗いされたパンツを持って帰るだけでは，保護者は気づくことができません。

　保護者から聞く子どもの成長を自分のことのように喜ぶ姿，また一人ひとりの子どもの小さな成長に着目し，それを丁寧に言葉にして保護者に伝え，喜びを共有する姿は，保育の専門性を有し，日々子どもを保育している保育者だからこそできる素晴らしい専門性です。また，保護者だからこそ気づく子どもの成長について保育者が教わることもあります。保護者から教えてもらった子どもの姿を踏まえて，保育を見直すこともあります。保育者と保護者は子育てをするうえで対等な立場にあり，そのようなパートナーシップを大切にしながら，日々子どもの保育をし，保護者を支援するのが保育者の役割です。

3 自己決定の尊重

　自己決定の尊重は，すべての人は自分で決定する能力と権利をもっているという考え方を基盤にした基本姿勢です。バイステックは，自分で選択と決定をし，遂行することは，自らパーソナリティを成長させ成熟させる一つの重要な機会であると説明します。[*3] 保育者には，保護者に保育の知識や技術を伝える際に，選択肢を用意し，保護者が自分ならどの関わりができるか，どのような見方ができるかを模索し決定できるように気持ちを支えたり，実際に経験しながら試行錯誤を通して子どもへの適切な関わり方を少しずつ獲得していく過程を

---

*2　橋本真紀「保育相談支援の基本」柏女霊峰・橋本真紀（編著）『保育相談支援（第2版）』ミネルヴァ書房，2016年，p.45。

*3　F.P.バイステック，前掲書，2006年，p.166。

支えたりする姿勢が求められます。

　たとえば，朝大泣きしながら登園するおさむくん（2歳）。保護者に理由をたずねると，「おさむが靴をうまく履けなくて怒ってしまって。手伝おうとしても"自分で！"と言ってきかないのです。職場に遅刻したら困るので，私もイライラしてしまって」とのことでした。降園時に朝の自宅玄関でのやりとりについて保育者と保護者で話し合っていると，「先生，決めました。もう出発の30分前に声をかけます」と保護者が言いました。保育者はどのように対応すればよいのでしょうか。

　「30分前は早すぎます。きっと靴を履いた後に，下駄箱で遊びだしてしまって大変ですよ」と伝えたくなるかもしれません。けれども，子どもがゆっくり靴を履ける時間をつくろうと思った保護者の気持ちに共感し，その思いを支え，「早めに声をかけるとゆっくりと自分で靴を履く時間ができていいかもしれませんね。ぜひやってみてくださいね」と保護者の気持ちに寄り添うことで，保護者の"自分はこれならできるかもしれない"と感じた思いを支え，実行に移すきっかけとなります。

　朝の限られた時間のなかで，保護者が自分自身の支度と子どもの支度のペースを勘案しながら生活を見直していく意識をもつことは素晴らしいことです。その後，「先生，さすがに30分前は早すぎでした」との話があるかもしれません。「次は15分前にしてみます」と話されたら，また経験を通して試行錯誤しながら，子どもと保護者自身の朝の支度のペースや声かけのタイミングを調整していくことができます。

　このような子どもの言葉や行動を実際に見ながら試行錯誤していく経験は，別の問題で保護者が子どもとの関わり方について悩んだ際の力になります。それは，うまくいかない場面で怒鳴って自分の思いを子どもにぶつける以外の方法であり，子どもの性格や今の成長，発達を理解しながら，どのような環境と時間，言葉かけを用意したら，乗り越えることができるのかについて，子どもの反応を見ながら考える力となります。

　自己決定の尊重は対人援助職の基本原則であり，保育者が保護者支援を行う

際にもとても重要な原則です。保護者の意思を尊重し，支えることは保護者の養育力の向上に寄与するのです。

②　保護者理解と信頼関係

1｜保護者理解

　保護者を支援するにあたっては，現代の子育て環境の課題や地域性を理解するとともに，保護者一人ひとりの生い立ちや現在おかれている子育て環境などが子育てに影響を及ぼしていることに配慮して，保護者の子育てを支えていく必要があります。子どもに対してよくない行為をしている場面を見たり，聞いたりした際に，子どもの発達や子どもへの関わりを熟知している保育者だからこそ，「子どもの最善の利益に反しているのではないか」「ダメな親ではないか」と思ってしまうかもしれません。保護者支援を考える際には，「そのような行為や言動をせざるを得ない状況におかれている保護者に対してどのような支援ができるのか」と考える視点が必要です。保護者には「共感的な反応を得たい」「価値ある人間として受けとめられたい」という思いがあります。そのために，援助者として保護者の思いを受けとめる姿勢が求められるのです。保育者は，よくないと思われる行為に対して，どのように受容すればよいのでしょうか。気持ちを受けとめるとは実際にどのような状態のことをいうのでしょうか。受容の姿勢について具体的に考えてみましょう。

　保育者は，最近，おもちゃを投げて友達とトラブルになることが多いけんたくん（3歳）のことが気になっていました。母親は登降園時，急いでいる様子で，ゆっくりと会話ができる時間がなく，余裕がないように見受けられます。次の日は仕事がないと思われる金曜日の夕方に，「お母さん，おかえりなさい。今週もお仕事お疲れさまでした」と保育者が話しかけました。すると「本当に今週は疲れました」と母親。話を聞くと，父親も母親も会社で大幅なリストラがあり，人員が減って仕事が山積みになっているとのことでした。明日はわが

身だと思うと，手を抜けず必死で働いている様子です。保護者は「こちらが急いでいるときも，けんたはのんびりしているので，もうイライラしてしまって」と話し，けんたくんのおもちゃを「邪魔！」と壁に投げつけてしまったことが何度かあったことを打ち明けました。「けんたくんも最近ブロックを投げるので気になっていました」などと伝えてしまえば，保護者は母親失格の烙印を押されてしまったような思いで，自分のこともけんたくんのことも責めてしまうかもしれません。

　けんたくんの家庭では，生活のために，時間的にも精神的にも余裕がないなか一生懸命働いており，そのなかで精一杯子育てをしているのです。保護者に対してはまず，気持ちを受けとめ，「お母さん，頑張っていらっしゃるんですね。けんたくんも，お母さんが頑張っている姿，毎日見ていると思います。でも，頑張りすぎないようにしてくださいね。こちらでできることがあったら教えてくださいね」など，母親の頑張りを肯定した言葉かけをし，大変な思いに共感し，こちらが気にかけている思いを伝えることで保育者に信頼感が生まれ，自分一人で子育てをしているわけではないという安心感から保育所がほっと一息つける場所になるかもしれません。受容を通して援助関係を構築しながら現在おかれている状況のなかでできる，けんたくんの性格や年齢に合わせた対応の仕方について，一緒に考えていくプロセスがとても大切です。

　保護者が「子どもを叩く」という行為など，保育者が明らかに共感しづらい行為に対しては，どのように考えればよいでしょうか。叩かないで子どもと関わるのは喫緊の課題です。けれども，「それはいけません。子どもがかわいそうです。もう絶対にしないでください」とただ否定するだけでは，もうこの保育者には相談できない，また責められてしまうと思ってしまうでしょう。根本的には解決せず，ただ，「もう叩いていません」と言葉で問題を隠し，保育者には言えないという思いだけが残ってしまう可能性があります。

　「子どもを叩く」ことに関する受容は，同調したり，許容することとは異なります。保護者の人間としての尊厳と価値を尊重しながら，よくないふるまいも含め，それがありのままの姿と認識したうえで，援助を進めます。「教えて

くださりありがとうございます。子どもがいうことを聞かないと困ってしまいますよね」と，行為ではなく気持ちに共感します。そのうえで，保護者の置かれている状況を理解しながら，どう対応すればよいかを一緒に考えていく姿勢が必要です。

　子どもに対して不適切な行為がある場合，主任や園長，関係機関と連携しながら支援を行いますが，保育者は受容の姿勢を貫き，保護者が子どもの保護者であるという存在そのものを肯定し続け，必要な関わりを継続しながら見守っていくことが大切です。福祉的ニーズが高い場合，保護者や子どもが保育所等に日々通うことができる環境を保ち続けることそのものが，とても重要な家庭支援となるのです。

2 信頼関係

　対人援助にあたり，信頼関係はとても重要です。保育者は保護者に信頼される援助関係，保護者を信頼する関係を築くことに重きをおいて，支援を進めます。これまで説明したように，パートナーシップを大切にする，子どもの成長を共に喜び合う，自己決定を尊重する，保護者を理解して受容するということは，すべて援助関係を形成するプロセスで重要な姿勢です。さらに，保護者の行為や言葉を「承認」したり「支持」することは，信頼関係を醸成したり，維持したり，保護者の自己肯定感を高めることにつながります。保護者の強みに着目し，焦点を当てて支えることをストレングス[*4]といいます。

　保護者の自己肯定感の高まりは，保護者の子育てに対する自信だけでなく，保護者の子どもに対する自己肯定感を高める関わりにも影響します。そのため，一人ひとりの保護者のよい部分に着目し，それを言語化し続けることは，とても重要なのです。マズロー（Maslow, A. H.）は，すべての人々は安定したしっかりとした根拠をもって他者からの承認などに対する欲求・願望をもっていると説明します[*5]。承認の言葉が，保護者自らが描く，こうありたいという保護者

[*4] 狭間香代子『社会福祉の援助観――ストレングス視点・社会構築主義・エンパワメント』筒井書房，2001年，p.136。

像に近づく手助けとなります。

　援助関係を構築しようとしてもなかなかうまくいかない場合は，どのようにすればよいでしょうか。信頼関係が築けないのは自分の責任であると感じる保育者も多いのではないでしょうか。また，保護者を責める気持ちが働いてしまうこともあるかもしれません。保育者が保護者を受けとめられることで，保護者が自分自身を受けとめられるようになります。信頼関係を築こうとするプロセスそのものが保護者支援なのです。子どもの保護者としての存在そのものを肯定しながら，見守り，支持し，承認を続けます。岩間は，共に存在する時間と空間を大切にすること，援助の扉は常に開いている，あなたを価値ある存在として受け入れる用意があるというメッセージを粘り強く伝え，そこから本人の内的変化を少しずつ促すことが，困難な状況を変化させる重要なプロセスとなると説明します。登降園時のやりとりや面談，電話，家庭訪問など，共に過ごす時間と空間を大切にすることで，保護者との関係は変化する可能性があると信じながら，保護者自身の変化を少しずつ促していきます。それは困難な状況であるからこそより大切にすべき支援者としての基本姿勢です。

③　プライバシーの保護および秘密保持

　保護者や子どものプライバシーの保護，知り得た事柄の秘密保持は，家庭支援を行ううえで大切な原則です。児童福祉法第18条の22には，「保育士は，正当な理由がなく，その業務に関して知り得た人の秘密を漏らしてはならない。保育士でなくなった後においても，同様とする」と示されています。ここには2つの重要なポイントがあります。1つ目のポイントは，保育者には秘密保持の原則があり，それを保護者に伝えることは保護者と保育者の援助関係を築くうえでとても重要であるということです。2つ目のポイントは，それは「正当な理由がない場合」であり，子どもの最善の利益を考慮した場合に関係機関と

＊5　A・H・マズロー，小口忠彦（訳）『人間性の心理学』産業能率大学出版部，1987年，p.70。
＊6　岩間伸之『支援困難事例へのアプローチ』メディカルレビュー社，2008年，pp.44-45。

の連携が必要な際は,秘密保持の原則よりも,「通告」や「相談」が優先されるということです。

児童虐待の防止等に関する法律第6条には,「児童虐待を受けたと思われる児童を発見した者は,速やかに,これを市町村,都道府県の設置する福祉事務所若しくは児童相談所又は児童委員を介して市町村,都道府県の設置する福祉事務所若しくは児童相談所に通告しなければならない」と定められています。また,個人情報の保護に関する法律第16条第3項には「人の生命,身体又は財産の保護のために必要がある場合であって,本人の同意を得ることが困難であるとき」や「公衆衛生の向上又は児童の健全な育成の推進のために特に必要がある場合であって,本人の同意を得ることが困難であるとき」などには,同法による保護の適用とならないことが規定されています。

たとえば,「担任の先生には伝えたいけれど,ほかの先生には伝えたくない」「保育所の先生には聞いてほしいけれど,児童相談所に通告されたくない」という保護者の思いにはどのように対応したらよいでしょうか。主任や園長に伝える場合や,児童相談所等に通告や相談という形で支援協力を求める場合,「保護者に問題がある」という姿勢ではなく,まずは子どもや保護者の今おかれている状況を理解し,それを改善するために,子どもにとっても,保護者にとってもよりよい生活を営んでもらうために,より専門性の高いサポーターに援助を求めるという姿勢で,保護者に伝え続けることが大切です。ときには保護者と支援関係者が対立する状況になることがありますが,保育者は保護者の思いに共感し,味方の立場で関わりを取り続けることが求められます。

4 地域の社会資源の活用と関係機関との連携・協働

1 地域の社会資源の活用

地域には,子育てに関するさまざまな社会資源や人的資源が存在します(本書第6章参照)。地域資源マップをつくり,地域に住む保護者はどのような資源

を活用できるのか，保育所等ではどのような資源と連携する必要があるのかを理解します。必要に応じてすぐに保護者に情報を提供したり，活用したり，連携が取れるように，まずは保育者として，地域の資源の存在を把握し，それぞれの役割を理解すること，そして積極的につながりをもつことが大切です。

2 | 関係機関との連携・協働

　保護者への支援を適切に行うためには，保育所等の役割や専門性を十分に生かすとともに，その役割や専門性の範囲を熟知していることが求められます。保育者だけでは対応できないケース，対応するべきではないケースについては積極的に関係機関と連携しながら保護者支援を行うことが求められます。保育者のみで相談支援を継続することがふさわしくない主な状況としては，以下のような場合があげられます[*7]。

① 子どもに障害や健康上の問題，発達の遅れや偏りが見られ，医学的な診断や治療，または専門職による療育などの支援が必要と認められるとき。

② 子どもに対する身体的暴力やネグレクトなど，虐待が疑われるとき。

③ 保護者の離婚によって親権をめぐる争いが生じている，保護者の一方が家出をしてしまったなど，家庭のさまざまな事情により保護者自身の動揺や混乱が大きく，子どもの生活面や精神面に深刻な悪影響が見られるとき。

④ 保護者の身体的もしくは精神的な健康状態が非常に悪化しており，自殺や子どもへの危害を加えることをほのめかしたり，保育者に過度な依存や要求を示したりするとき（今すぐ家にきてほしいと連絡してくるなど）。

⑤ 深夜や早朝，休日など明らかに保育者が勤務外の時間に相談の連絡をよこす，保育者が子どもの保育に従事しているときにその場で相談をしてくるなど，社会的な常識を著しく欠いた状況で相談や対応を求めてくるとき。

　こういった場合には保育者のみで抱え込むべきではないという判断のもと，主任や園長に報告，相談をして，内部で情報共有を図りながら，関係機関と連

＊7　高辻千恵「保育相談支援の基本」『家庭支援論』全国社会福祉協議会，2011年，p.168。

携や協力体制を取り，家庭支援を行います。特に，児童相談所，福祉事務所，市町村相談窓口，市町村保育担当部局，市町村保健センター，児童委員・主任児童委員，療育センター，教育委員会等との連携を欠かすことはできません。

　関係機関との連携・協働にあたっては，よりソーシャルワーク機能を念頭においた対応が必要です。保育者の立場で考えるとき，「生活に課題を抱える対象者と，その人が必要とする社会資源との関係を調整しながら，課題解決や自立的な生活，自己実現，よりよく生きることの達成を支える一連の活動」[*8]という保護者に対するソーシャルワークの全体像を捉えながら，関係機関と連携・協働し，保護者支援を展開します。その際にはそれぞれの機関の役割を認識し，連携・協働のもとに進めていくことが求められます。また，支援が必要になってから連携を模索し始めるのではなく，日頃からつながりを大切にし，その機関や施設にいる職員の顔と名前がわかり，いざというときにすぐに安心して連携が取れる状況を構築しておくことも大切です。

本章のまとめ

　家庭支援は，保護者を理解しようとするところから始まります。受容や自己決定の尊重は，援助関係を構築し，家庭の養育力の向上を促します。保育者は役割を認識し，必要に応じて関係機関と連携・協働して支援を進めます。

■参考文献

柏女霊峰・橋本真紀（編著）『保育相談支援（第2版）』ミネルヴァ書房，2016年。
新保育士養成講座編纂委員会（編）『家庭支援論――家庭支援と保育相談支援』全国社会福祉協議会，2011年。
柏女霊峰ほか「保育指導技術の体系化に関する研究」『平成20年度児童関連サービス調査研究等事業報告書』こども未来財団，2009年。

＊8　厚生労働省（編）「コラム　ソーシャルワークとは」『保育所保育指針解説書』フレーベル館，2008年，p.185を一部改変。

第9章
保育所等在籍児の家庭への支援

ポイント
1　保育所等における家庭支援の特性と機能について理解しよう。
2　家庭支援における保育者の多様な役割を理解しよう。
3　保護者とのコミュニケーションの具体的方法について学ぼう。
4　多様な保護者への対応と配慮点を考えよう。

1　保育所等における家庭支援の特性

　保育所等在籍児の家庭への支援は，保育者の重要な業務とされています。「保育所保育指針解説書」には，保育所における子育て支援の機能と特性が示されています（表9-1）。これらは認定こども園にも共通するものだと考えられます。

　多くの相談・支援機関では，相談者が決められた時間にその施設に出向き，日常とは異なる場で集中的な面接やセラピーを受けます。一方，保育所等では，日々子どもたちが通う日常的な場で，発達援助や家庭支援を行うという特色があります。そのため，日々の子どもや保護者の様子や変化を捉え，生活のなかでの継続的な支援が可能です。保護者にとっては，必要なときに援助や助言が得られますし，それほど深刻でない悩みでも気軽に相談することができる身近で貴重な存在です。また，保育の専門職である保育者をはじめ，看護師や栄養士など各種専門職が配置されていることで，子育てのなかで生じる多様な問題に対応することが可能です。さらに，子どもの生命・生活を守り，発達を保障しながら，保護者の子育てと就労の両立を支えるという重要な役割も果たしています。ただし，子どもの発達や保護者の状況によっては，保育所等の職員の

表9-1 保育所における子育て支援の特性と機能

① 日々，子どもが通い，継続的に子どもの発達援助を行うことができること
② 送迎時を中心として，日々保護者と接触があること
③ 保育所保育の専門職である保育士をはじめとして各種専門職が配置されていること
④ 災害時なども含め，子どもの生命・生活を守り，保護者の就労と自己実現を支える社会的使命を有していること
⑤ 公的施設として，様々な社会資源との連携や協力が可能であること

出所：厚生労働省（編）『保育所保育指針解説書』フレーベル館，2008年より筆者作成。

専門性のみでは対処できない場合もあります。そうした場合には，さまざまな社会資源との連携や協力が可能な公的機関であるという特色を生かしながら対応していくことが必要です。

② 家庭支援における保育者の多様な役割

保育所等在籍児の家庭への支援において，保育者はさまざまな役割を担っています（図9-1）。

1 子どもの保育を行う

仕事等の事情で，昼間に家庭で養育を行うことが難しい保護者にとって，子どもの保育そのものが家庭支援となっています。また，園では，通常の保育に加え，延長保育，休日保育，夜間保育，病児保育といった保育を実施し，保護者の多様な状況に対応しています。

こうした保育が，子どもの福祉に配慮しながら適切に行われ，保育を通じて子どもが成長する姿を目の当たりにすることで，保護者は園や保育者に対する信頼感を形成します。保育者と信頼関係を築くことで，安心して子どもの保育を託し，仕事等と子育てを両立することが可能になるのです。

2 子育てを協同で行う

保育者は，子どもを保育すると同時に，さまざまな機会を捉えて保護者とコ

第9章　保育所等在籍児の家庭への支援

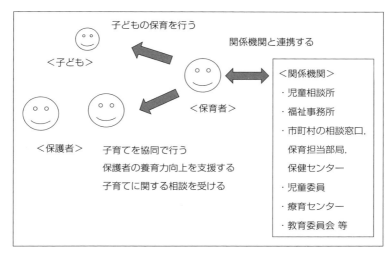

図 9-1　家庭支援における保育者の多様な役割
出所：筆者作成。

ミュニケーションを取ります。そのなかで，子どもの様子や保育の意図を共有し，保護者との相互理解を図ります。保護者は，保育者との関わりにより，子育てを孤独にしているのではなく，保育者と協同で行っていることを実感します。

　近年は，核家族化や地域のつながりの希薄化により，各家庭が孤立したなかで子育てをすることが増えています。子育てを観察したり，手伝ったりする経験から学ぶ機会も乏しく，自分のやり方に自信がもてないなか，誰にも相談できずに心配や不安を増大させていくことも稀ではありません。保育の場で保育者と出会い，子育てを協同で行っていく実感を得ることにより，大きな安心感が生まれるのです。

3 │ 保護者の養育力向上を支援する

　核家族化や地域のつながりの希薄化，子育てを学ぶ経験の乏しさといったことは，保護者の養育力低下にもつながっています。子どもにどのように関わったらよいかわからず，途方に暮れる場合もあるでしょう。食事や生活習慣，遊びや関わりといった面で，家庭で必要な配慮がなされていないことに保護者自

身が気づかない場合もあります。

　このような場合，保育者はそれぞれの専門性を生かし，子どもの育ちに配慮しながら，いかに保護者の養育力向上を支援するかを考えなくてはなりません。

　そのためには，まず，送迎や連絡帳などを通じて保護者とやりとりすることで保護者の状況を把握し，保護者の思いを十分に理解する必要があります。それによって，個々の保護者に応じた適切な支援が可能になるのです。特に，保護者に「気になる」子どもの姿を伝えたり，子育てに関する助言を行ったりする場合には，どのタイミングでどのように伝えるかについて事前の十分な準備と配慮が求められます。信頼関係が十分に形成されていない段階で，不用意にそうしたことを伝えると，保護者の不信感や反発を招きかねません（後述の事例参照）。保護者との日々のコミュニケーションのなかで，子どもの成長の姿を伝えたり，保護者自身を気遣ったりすることで保護者との信頼関係を形成していくことが重要です。

4 │ 子育てに関する相談を受ける

　送迎時や連絡帳など保護者との日々のやりとりのなかで，子育てに関する不安や悩みが語られることがあります。また，子育ての不安や悩みについて相談したいとの要望が出されることもあります。日々のやりとりのなかでそうした不安や悩みを受けとめつつ，必要な場合は個別に時間を取って相談を受けます。

　相談においては，保護者が語ることを傾聴し，保護者の気持ちを受けとめます。まずは，保護者との信頼関係を形成し，安心できる関係のなかで保護者が十分に不安や悩みを語ることができるようにすることが重要です。不安や悩みを語ることで気持ちに余裕ができ，保護者自身が問題の解決策を見つけていく場合もあります。

　保護者自身に解決策が浮かばず，助言を求められる場合も，解決策を押しつけることのないよう注意します。最終的には保護者自身が自分で決定していけるよう，いくつかの選択肢を提案したり，保護者自身のなかにある解決の可能性を引き出していくよう努めます。

相談においては，保護者や子どものプライバシーを保護し，知り得た内容の秘密を保持します。ただし，子どもの虐待の可能性がある場合などは，関係機関に通告し，適切な対応を図ることが求められます。

5 関係機関と連携する

保護者の支援において必要な場合は，関係機関との連携を行います。

たとえば，保護者から子育てに関する相談を受けてみると，家庭状況の複雑さや経済状況の苦しさ，保護者自身の深刻な悩みが語られるなど，保育者が対応できる範囲を超えている場合があります。そうした場合は，問題に応じた専門機関につないでいく必要があります。

また，子どもに障害や発達上の課題が見られる場合やそれが疑われる場合は，市町村や関係機関と連携・協力し，保育のなかでその子どもへの対応を検討していくとともに，保護者への支援を考えていきます。入園後の集団生活のなかで，あるいは子どもの発達に伴って子どもの障害が疑われたり，発達上の課題が見えてくることもあります。ただし，保育者がそうした子どもの姿を捉えた場合，安易に子どもの障害と決めつけることは禁物です。必ず関係機関に相談し，子どもの発達や障害に関する専門職と連携を取りながら対応や支援のあり方を考えていきます。

保護者に不適切な養育が疑われる場合には，市町村や関係機関と連携して対応することが必要です。また，虐待が疑われる場合には，市町村や児童相談所に通告します。子どもの心身の安全が守られるよう，速やかに適切な対応を図ることが重要です。

③ 保護者とのコミュニケーション

在籍児の家庭への支援においては保護者とのコミュニケーションが重要です。保育者とのコミュニケーションにより，保護者は園や保育者について理解し，信頼感を形成していきます。また，保育者が家庭や保護者の状況を把握するこ

表9-2 保護者との直接的コミュニケーションの方法

頻度	方法	内容	配慮する点
毎日	送迎時のやりとり	送迎時に保護者と直接やりとりし、子どもの様子や家庭の状況に関する情報を共有する。	笑顔ややわらかな態度を心がける。保護者との信頼関係を深め、やりとりが保護者の子育てへの自信や意欲につながるように努める。
定期的	個別面談 保護者会 保育参観・保育参加 行事	保育の内容や方針を伝えるとともに、保護者の質問や意見、要望を聞き取る。保護者同士の交流の機会をつくる。	送迎時に話すことの難しい内容を共有する。保育の内容や方針、家庭の状況等に関する共通理解を図る。
必要に応じて	個別の相談	保護者からの要望があり、保育士等が必要だと判断した場合には時間を取って個別の相談を行う。	保護者の話すことを傾聴し、保護者自身の決定を援助する。知り得た内容の秘密を保持する。

出所：筆者作成。

表9-3 保護者との間接的コミュニケーションの方法

頻度	方法	内容	配慮する点
毎日	連絡帳	子どもの様子を中心に情報を共有する。	保護者との信頼関係を深め、その内容が保護者の子育てへの自信や意欲につながるように努める。
定期的	園通信・クラス通信	園やクラス全体の状況や保育・行事の予定等を伝える。	読むだけでは理解しにくい場合もあるため、重要事項は口頭で確認する。
必要に応じて	お知らせ・おたより	保護者に準備してほしいものを連絡するなど、必要に応じて印刷物等を配布する。	保護者が十分な準備期間を確保できるよう、配布時期に配慮する。重要事項は口頭で確認する。

出所：筆者作成。

とで、子どもや保護者に対する適切な配慮が可能になります。

　保護者とのコミュニケーションの方法には、多様なものがあります。まず保護者との接し方に関して、大きく直接的なものと間接的なものに分けられます。さらに、その頻度に関して、日々のものと、月に1回・年に1回といった定期的なもの、必要に応じてという不定期なものがあります。以上の観点から、保護者との代表的なコミュニケーションの方法を表9-2、表9-3のように整理

しました。以下にそれぞれについて詳しく見ていきます。

1 直接的なコミュニケーション

（1）送迎時のやりとり

　保育者は、保護者と送迎時に日常的に関わります。その日々のやりとりの一つひとつが重要な家庭支援の機会となります。保護者によっては、他者とやりとりすることが苦手だったり、保育者に話しかけることに遠慮を感じたりする場合もあります。保護者と対面するときには、笑顔ややわらかい態度を心がけ、保護者が保育者との関わりに安心感を抱けるよう配慮します。

　登園してきた子どもを受け入れる際には、子どもの様子を視診し、子どもの家庭での様子や迎えの予定などを聞き取ります。その際に、保護者から家庭や仕事での大変さの一端が語られたり、保護者の様子からそれが感じ取れたりすることもあるでしょう。朝の慌ただしい時間にじっくり対応することは難しいですが、保育者が笑顔で子どもを受け入れ、保護者を温かく仕事へと送り出すことが、その保護者にとっての支えになることも稀ではありません。

　一方、保護者が子どもを迎えに来た際には、その日の子どもの様子を伝えます。子どもの成長の姿を示し、喜びを共有することにより、保護者は安心感を得て保育者への信頼感を築いていくでしょう。また、子どもの気持ちや行動の意味などを伝えることで、保護者の子ども理解を助けます。こうしたことが、保護者の子育てへの自信や意欲につながるよう、「〜ができない」といった否定的表現は避け、肯定的な表現を工夫しましょう。ただし、ときには、他の子どもとのトラブルや怪我など、保護者にとって心配な情報を伝える必要も出てきます。日々のやりとりを通じて信頼関係が形成されているなかで、誠実に伝えることで、保護者もそうした情報を受けとめやすくなります。

（2）個別面談

　多くの保育所等では、1年に何度か個別面談の機会をつくっています。保育者と保護者が互いに知り合い、家庭や仕事、子どもの状況、保育の内容や方針

など，必要な情報を共有し，相互理解を図ります。送迎時には慌ただしく時間を取りにくい保護者もいます。個別面談の時間を確保することで，家庭での詳しい子どもの様子や家庭内の問題などを話し合うことができます。

（3）保護者会，保育参観・保育参加，行事
　1年に何度か実施される保護者会や保育参観・保育参加，行事も保護者とコミュニケーションを行う重要な機会となります。
　保護者会では，園やクラス全体の保護者に対し，保育の内容や方針を伝えるとともに，保護者からの質問や意見，要望を聞きます。個別の面談とは異なり，保護者同士がお互いを知り合う機会ともなります。必要に応じて保護者同士が交流する機会を準備し，支援することも求められます。
　保育参観や保育参加では，実際にどのような保育を行っているのかを保護者が見たり体験したりすることができます。園での子どもの様子は，家庭での様子とは異なることも多々あります。話すだけでは保護者に伝わりにくい場合も，実際に見ることで理解が深まるでしょう。
　さらに，運動会や親子遠足，夏祭り等，園によってさまざまな特色のある行事が実施されます。そうした行事のあり方にも保育の方針や内容が反映されます。たとえば，運動会に向けて練習を積むことを大切にする園もあれば，普段の保育のなかで行っていることを運動会につなげる園もあります。一つひとつの行事をどのような方針や意図をもって行っているのかを保護者に伝えるようにすることで，園に対する理解が深まります。

（4）必要に応じた個別の相談
　保護者から子どもの発達や子育て等についての悩みや不安が打ち明けられたり，相談の要望が出されたりした場合は，必要に応じて個別の相談の時間をつくります。また，保育者が子どもや家庭の様子について気になることがあり，個別の相談が必要だと判断する場合もあります。
　「相談を受けること」に関しては，**2**の「4　子育てに関する相談を受け

る」で説明したような配慮が必要です。

2 間接的なコミュニケーション

（1）連絡帳によるやりとり

　連絡帳では，子どもの様子を中心に情報を伝え合い，共有します。送迎時は慌ただしく，話す時間を取ることが難しいこともあります。対面でのコミュニケーションが苦手な保護者もいます。このような場合に，連絡帳でのやりとりが相互理解のために重要な役割を果たします。連絡帳で保護者との信頼関係を深め，その内容が保護者の子育てへの自信や意欲につながるように努めます。「～ができない」といった否定的表現は避け，子どもの姿が生き生きと思い浮かぶような記述を工夫しましょう。

（2）園通信やクラス通信

　園通信やクラス通信では，園全体やクラス全体の状況や保育・行事の予定等を伝えます。これらは，保護者が園やクラスでの活動を理解するために重要な情報となります。ただし，特に入園して間もない時期などには，配布された通信を読むだけでは理解しにくいこともあるため，重要な連絡事項は，送迎時等の直接的なやりとりにおいて口頭でも確認することが必要です。

（3）必要に応じた園やクラスからのお知らせ・おたより

　保育や行事に際して保護者に準備してほしいものを連絡するなど，必要に応じてお知らせやおたよりなどの印刷物を配布することも多いでしょう。保護者に準備を求める場合は，十分な準備期間が確保できるよう，お知らせを配布する時期に配慮することが必要です。また，お知らせを読んだだけでは，どのようなものを準備したらよいのか疑問に思う場合もあるため，必要に応じて口頭で確認します。

④ 多様な保護者への対応

　これまで述べてきたように，保護者と多様な手段を通じてコミュニケーションをとり，信頼関係を形成することが家庭支援につながっていきます。ただし，保護者の勤務状況や家庭環境，保護者自身の性格特性や価値観などは多様であり，個々の保護者の状況を丁寧に把握して対応していくことが必要です。ここでは，対応が難しい保護者の事例[*1]をあげながら，配慮が必要な点について説明していきます。

1 ｜ 日々の直接的なやりとりが難しい保護者

──事例9-1────────────

　2歳児クラスから3歳児クラスに進級するにあたり，朝のおやつをなくして昼食時間を遅くすることをお知らせに記載して配布したところ，ある保護者から抗議がありました。朝のおやつがなくなるとお腹が空いてしまい，午前中を元気に過ごせなくなるのではないかという不安があったようです。

　担当保育者は，プリントで伝えただけでは不十分だったと考え，手紙を書いて説明しました。その保護者は，勤務時間の関係で送迎時に直接会って口頭で連絡することが難しいという状況があったのです。

　その手紙によって納得が得られたと思いましたが，その後も「うちの子だけ早く食べることはできないのか」という要望が出されました。担当保育士は，早朝から登園するため子どものお腹が空くのではないかという保護者の不安を，もっとよく聞いたうえで提案する形にすればよかったと反省しました。

──────────────────

＊1　事例は，筆者らの以下の研究より抜粋し，必要に応じて改変してある。
　　高辻千恵・森田（野澤）祥子・安治陽子・松井由佳・中舘慈子「保育者と家庭のコミュニケーションを考える①──『うまくいかなかった』事例をとおして」『日本保育学会第57回大会発表論文集』2004年，pp. 390-391。
　　森田（野澤）祥子・高辻千恵・安治陽子・松井由佳・中舘慈子「保育者と家庭のコミュニケーションを考える②──『うまくいった』事例をとおして」『日本保育学会第57回大会発表論文集』2004年，pp. 392-393。

勤務状況により，早朝保育や延長保育となる場合や，送迎が保護者ではなく祖父母やベビーシッターの場合もあります。こうした場合には，保護者との間で日々の直接的なやりとりが難しいため，保育の内容や方針，子どもの状況などについて相互理解を図るための工夫や配慮が必要となります。事例では，保育内容の変更を配布物や手紙で伝えましたが，それだけでは理解を得ることができませんでした。保護者が忙しくしているなかでも，必要事項を一方的に伝えるのではなく，連絡帳や電話など何らかの形で保護者の思いを聞き取ったうえで，保護者が安心できるような説明や提案を工夫する必要があるでしょう。

2│子育てに対する思いの強い保護者

> **事例9-2**
>
> 　0歳児クラスの子どもについて，野菜が苦手なことを保護者に伝えたところ，保育者の言葉を過度に深刻に受けとめ，家庭でその子どもが野菜を食べないときに厳しい対応をとるなど過剰な反応がみられました。その保護者は，「好き嫌いのない子に育ってほしい」という思いが強かったようです。
> 　保育者は，「こういうときにこうすればよい」という具体的な方策や提案，「だんだん食べられるようになる」といった今後の見通しも合わせて丁寧に伝えればよかったと感じました。

　子どもの発達や子育てに関して指摘や助言を行う場合には，保護者がどのように受けとめるのかを把握しておくことが重要です。事例のように，保育者は子どもの状況について事実を伝えただけだと思っても，保護者は過度に深刻に受けとめることがあります。

　保護者の受けとめ方を把握するためには，保護者との日々のやりとりのなかで保護者のことを理解するように努めることが必要です。また，同じことを伝えても，保育者と保護者との間に信頼関係が築かれてくると，あまり否定的に受けとめられないようになる場合も多いため，日々のやりとりのなかで信頼関

係を形成するよう努めます。

3 子どもに障害や発達上の課題がある場合

---事例9-3---

　2歳児クラスで，緊張が強く吃音(きつおん)の症状がある子どもがいました。3世代が同居する家族で，子どもの世話は主に祖父母が担当していました。担当の保育者は，保護者との日々のやりとりのなかでその日の様子を丁寧に伝えるように心がけました。保育者の言ったことが保護者に否定的に受けとめられないという確信を得てから，連絡帳に気になること（友達とのトラブルで手が出てしまったなど）を織り交ぜて伝えるようにしました。

　約1年をかけて母親との関係ができてきたと感じた時点で個別の面談を行いました。3時間をかけてじっくりと話し合うことで母親の理解が得られ，「寝るときは母親と一緒に」という状況を実践してもらうことができました。また，祖母，看護師，担任で面談を行い，看護師が祖母に医療面からの説明を行いました。その後，子どもの吃音は改善していきました。

　子どもが障害や発達上の課題を抱えている場合，保護者への支援は重要ですが，保護者がそれを受けとめきれない場合も多くあります。緊急性の高いケースは別ですが，長期的な視点をもって保護者を支援していくことも必要です。この事例では，約1年をかけて保護者との信頼関係を築いていきました。それにより，対応が必要な課題に焦点を当てて保護者と話をすることが可能になり，状況が改善していきました。また，看護師とも連携し，それぞれの専門性を生かした支援が可能となりました。

4 保護者の意見や苦情を大切にする

　事例に示したように，保護者には多様な事情やそれぞれの思いがあり，そうした個々の事情に応じた対応を行うことが重要です。近年，「モンスターペアレント」という言葉が先行し，保護者の意見や苦情に対して神経質になってい

る現場も多くなっています。しかし、まずは保護者の訴えを受けとめ、それを言葉で伝えることが大切です。個々の事情や思いを把握せず、一方的に保育者が伝えると、保護者の反発や過剰な反応を招くことがあります。

　保護者は、基本的には意見や苦情をため込んだうえで言ってくることが多く、そもそもそうした状況に至らないようにすることが求められます。送迎時のやりとりや連絡帳を通じて、日頃から保護者の個別の背景や思いを理解するとともに、保護者と率直に問題を話し合えるための信頼関係を築いていくことが重要です。

　必要な場合は園全体で保護者の事情を共有したり、関係機関と連携します。担当保育者だけでなく、園長や主任、看護師や調理師、関係機関の相談員などの専門職が連携することで、それぞれの専門性や立場を生かしたより適切な支援を行うことが可能になります。

　保護者からの意見や苦情は、保育の質の向上を図るうえで重要な意味をもつものである場合も多くあります。ある特定の人からの意見・苦情であったとしても、他の人も同様の思いをもっている可能性があると考えられます。園全体のこととして、保護者からどのような意見・苦情があり、それに対してどのように対応・解決したか、あるいは再発の防止や改善のためにどのような取り組みを行ったかといったことを、丁寧に伝えていくことが必要です。保護者とのコミュニケーションを大切にし、真摯に向き合おうとする組織としての姿勢を示すことが、園に対する保護者の理解や信頼につながります。

> **本章のまとめ**
> 　保育者は、保育所等における家庭支援の特性を生かし、多様な役割を果たしながら支援を行います。家庭支援においては、さまざまな配慮をしながら保護者とコミュニケーションをとることが重要です。

第10章
地域の子育て家庭への支援

● ● ●

> **ポイント**
> 1 地域の子育て家庭への支援のあり方を理解しよう。
> 2 地域の子育て家庭を支援する者として役割や必要なことを理解しよう。
> 3 地域を巻き込み，子どもや子育てを支援するあり方を理解しよう。

1 地域子育て支援の展開

1 地域の子育て家庭の現状の理解

　子どもが生まれる場所は，現代社会では病院，産院での出産が大多数を占めています。しかし，戦後すぐはほとんど自宅で行われていました。そうした時代は，地域の産婆がとりあげ，子どもは「地域の宝」として生まれてすぐに地域社会のなかで存在していました。現在，子どもの多くは病院で生まれ，数日間を母子で入院した後に家庭に帰ってきます。また近年は，母親が故郷に里帰りして出産をする場合も多くなっています。このような場合，出産後一定期間故郷で過ごし，その後生活をする居宅に戻り，それから子育てがスタートすることになります。

　都市部のマンションなどに住む場合，地域に知り合いが少なく，夫の帰りも仕事で遅く，母親は孤独のなかで「はじめての子育て」をすることになります。それによって子育ての負担感が高まることもあります。子育ての負担感は，一般的に専業主婦のほうが高いといわれており，地域のなかには，母子で孤立した生活をしている人もいるのです。一方で近年，育児休業を取得し[*1]，出産時に休暇を取り，その後働きながら子育てをする家庭も増えてきました。

このように，地域にはさまざまな環境の子育て家庭があり，家庭の状況によって異なるライフサイクルで子育てが行われています。当然ながら，核家族と拡大家族，共働き家庭と片親のみ就労の家庭，子どもの多い地域とそうではない地域などでは，子どもの育つ環境に違いがあります。

そうしたなかで，子ども虐待の相談件数の増加や貧困家庭の増加など，子どもの育ちを脅かすような課題も多く，子どもがその人権を守られながら，健やかに育つことのできる環境におかれていない場合も多くあります。虐待を引き起こす要因には，①地域からの孤立，②経済的困難，③保護者の被虐待経験，④保護者の認知的歪曲などがあるともいわれています。一方，子どもの貧困の問題は，ひとり親家庭の増加や格差社会，貧困の連鎖などと関連するといわれており，その結果として，虐待，犯罪，DV，自殺などを引き起こす可能性もあります。「地域の崩壊」が叫ばれて久しいですが，専門機関や保育現場とのつながりや地域のなかで，子どもとその保護者を温かく見守る目が必要となっています。

平日，地域の子育て家庭の子どもたち，なかでも0・1・2歳の子どもたちは，平均すると7割以上が家庭で過ごしています（図10-1）。就園前の子どもは，家庭で生活している割合が高いことがわかります。したがって，こうした家庭が子どもを連れて，地域に出かけたり，地域の人と言葉を交わしたりする機会が必要になります。

2 地域の子育て支援の拠点

地域子育て支援の中心は，保護者と子どもが集うことのできる「拠点」（＝ひろば，サロン等）での活動です。地域子育て支援拠点事業は，「子育て中の親子が気軽に集い，相互交流や子育ての不安・悩みを相談できる場を提供」することを目的としています。拠点には，自治体で単独で行っているものやNPO法人などの団体が行っているもの，または保育所や認定こども園，幼稚園，児

＊1　厚生労働省の「雇用均等基本調査（平成26年度）」によると，女性86.6％（前年度比＋3.6ポイント），男性2.30％（＋0.27ポイント）となっている。

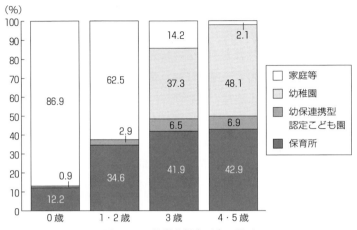

図 10-1 就学前児童が育つ場所

資料：就学前子ども数は，人口推計（総務省統計局，平成26年10月1日現在）。幼稚園児数は，学校基本調査速報（文部科学省，平成27年5月1日現在）。保育所児数は，福祉行政報告例（概数）（厚生労働省，平成27年5月1日現在）。幼保連携型認定こども園児数は，2歳未満は福祉行政報告例（概数），3歳以上は学校基本調査速報。家庭等は，就学前子ども数と各施設利用児童数との差。
出所：筆者作成。

童館等の専門機関が行っているものなどがあります。こうした地域子育て支援拠点事業は，2014年度には，全国で6,538か所，このうち保育所における実施数は3,110か所（47.6％）に上っています（図10-2）。

地域子育て支援拠点事業には，「常設の地域の子育て拠点を設け，地域の子育て支援機能の充実を図る取組を実施」する「一般型」および「児童福祉施設等多様な子育て支援に関する施設に親子が集う場を設け，子育て支援のための取組を実施」する「連携型」の2つの形があります。それぞれ，①子育て親子の交流の場の提供と交流の促進，②子育て等に関する相談，援助の実施，③地域の子育て関連情報の提供，④子育て及び子育て支援に関する講習等の実施などの事業を行いますが，一般型では一時預かり，出張ひろば，地域支援などを行うところもあります。

支援の際には，子育て当事者が何を求めているかという顕在的ニーズの把握だけでなく，表面には表れていない潜在的ニーズの把握も必要です。待機児童

第10章　地域の子育て家庭への支援

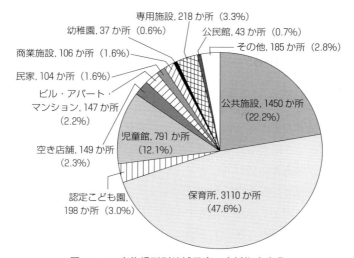

図10-2　実施場所別地域子育て支援拠点事業
出所：厚生労働省「地域子育て支援拠点事業実施状況（2014年度）」より作成。

表10-1　地域子育て支援拠点を利用するメリット（効果）の例

・子育てに関する知識や情報が増えた（84.0%）
・子育てをしていて孤独や孤立感を感じることが減った（75.2%）
・子育てに関して精神的な負担が減った（68.1%）
・子育てをしていて安心感を感じるようになった（64.3%）
・子育てについて悩みや不安を感じることが減った（63.5%）
・他の親子のために自分ができることを考えるようになった（59.6%）
・子育てをしていて充実感を感じることが多くなった（59.5%）
・子どもに対してイライラしたり腹を立てることが減った（55.9%）

出所：渡辺顕一郎・橋本真紀（編著），NPO法人子育てひろば全国連絡協議会（編集）『詳解　地域子育て支援拠点ガイドラインの手引』中央法規出版，2011年，p.29より作成。

等，顕在化するニーズに対しては対応しやすいのですが，潜在的ニーズや量的には少ない事例などについては，なかなか対応しきれない現状もあります。こうしたニーズに対応していくためには，行政サービスだけでなく，当事者の発想や小規模のNPO法人等の実践も大切になります。

また，地域子育て支援拠点を利用するメリットは，表10-1に示すような内容であり，いずれも子育てを孤立化させない効果があるといわれています。

② 地域子育て支援における支援者の役割

1 │ 地域子育て支援における支援者

　子育てを支援する者の役割は，その家庭の問題を解決するために，ただ子育ての方法を教授・指導することではありません。支援とは「支え，援助する」ことですから，保護者の気持ちに寄り添いながら，保護者が自ら家庭や子育てに関する問題や課題に向き合っていくのを支える役割があります。いわば「保護者の子育ての伴走者」となるべきです。

　したがって，支援者が「子ども」に対してのみ視点を向け，正論を押しつけてしまうと，ときに保護者の子育てを否定することになるため，常に子どもを中心に捉えながらも，保護者についても否定せずに見守り，保護者との信頼関係をつくることが大切です。

　地域子育て支援拠点を利用した保護者に対する，利用前後での気持ちの変化の調査では，利用前，不安だった要素として（とても不安・少し不安の合計），「他の利用者に自分や子どもが受け入れられるか」が57.8％であり，「子育ての仲間をうまくつくれるか」も61.3％と，活動内容やスタッフに対する不安よりも強いことが明らかです（図10-3）。また，利用した後には，かなり不安が和らいでいることがわかりますが，まだ，それぞれ11.6％，13.4％の人が不安を残していることにも注目すべきでしょう。

　したがって，支援する者は，利用者の言動や立ち居ふるまいから利用者の気持ちを推し量り，利用者が顕在的・潜在的に求めているものへの働きかけをすることが必要です。

2 │ 地域子育て支援の場の特性

　保育所や幼稚園，認定こども園等では，一定の在籍期間があり，その間に保護者との信頼関係を構築する期間があります。しかし，地域子育て支援の場で

第10章　地域の子育て家庭への支援

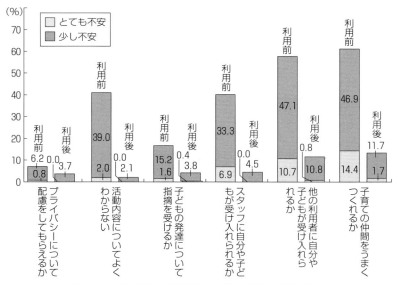

図10-3　地域子育て支援拠点の利用の際に感じた不安
出所：渡辺顕一郎・橋本真紀ほか「地域子育て支援拠点事業における活動の指標『ガイドライン』作成に関する研究（平成20年度児童関連サービス調査研究等報告書）」財団法人こども未来財団，2009年より作成。

は，利用者が来たくなければ来なくなるという，「一期一会」の現場ともいえます。したがって，支援者と利用者との間に信頼関係を築くことが難しく，関係を築く前に来なくなってしまったり，居心地の良し悪しや何か嫌なこと（対支援者というだけではなく，利用者同士などの関係でも）があれば関係がすぐに切れてしまったりすることもあります。

3　ピア・サポートの促進

内閣府の調査によると，気軽に相談できる相手に「友人・知人」をあげる保護者は76.9％います[*2]。些細に映る多くの悩みは，立場の近い，当事者同士の支え合いによって解決されることが多いのです。よって，保護者同士の関係をつくり，支え合える（ピア・サポート）関係を構築する手助けが必要になってきます。

一方で、1990年代初頭に社会現象となった「公園デビュー」のように、保護者同士の関係にストレスを抱える人が多くいることも事実です。問題があった場合に調整を行うような体制も必要になってきます。

③ 保育所における地域の子育て家庭への支援

1 もっとも身近な児童福祉施設としての役割と期待されていること

　保育所は、地域の子育て家庭にとって、もっとも身近な児童福祉施設です。同時にその地域に根差した子どもや子育ての専門機関であり、日々利用している園児だけでなく、本来地域の誰もが、子育てについて気軽に相談したり、立ち寄ったりすることのできる場となる必要があります。特に、結婚や出産を機にその地域に転居してきた家庭にとっては、社会的に孤立しており、周りに何があるかわからず、人とのつながりがもてない場合も多いからです。

　いくつかの自治体では、こうした家庭がいざというときに頼れるように、「マイ保育園制度」を行っています。マイ保育園とは、子どもが生まれる際に連携できる保育園に登録する制度です。現在、石川県をはじめ、福井県、富山県、神奈川県、江東区、市川市など、北陸や関東近郊をはじめ、全国的に広がりを見せています[*3]。なかには、利用につながるように一時保育が数回利用できる券などを付けているところもあります。

＊2　内閣府「平成20年度　少子化施策利用者意向調査の構築に向けた調査報告書」2009年。この調査によると、「気軽に子育てについて相談できる相手」が「いる」84.7％、「いない」10.2％となっており、さらに、「いる」と回答した場合の相談先として「親や家族」(89.2％)、「友人・知人」(76.9％)、「保育士・幼稚園教諭」(17.9％)、「子育て支援（関連）の施設」(8.2％)等となっている。

＊3　石川県下の市町村においては、地域や家庭の子育て力の低下による、育児負担感、不安感の高まりを受け、2005年10月より保育所を子育て支援拠点と位置づけ、「マイ保育園登録制度」を実施している。在宅保育の母親と妊婦が保育所見学や育児体験、保育士への育児相談を通じて、育児不安の解消を図るとともに、一時保育の利用などを通じて育児負担の軽減を図るための制度である(2009年10月13日社会保障審議会資料より)。

2 | 保育所保育指針における「地域における子育て支援」

　保育所保育指針では，地域における子育て支援として，3つの視点が示されています（表10-2）。
　第1に，「その行う保育に支障がない限り」「地域の実情や当該保育所の体制等を踏まえ」ながら，①「地域の子育ての拠点としての機能」および，②「一時保育」を行うこととされています。
　第2に，関係機関，団体等との積極的な連携および協力・地域の人材の積極的な活用です。これは，地域の専門的な関係する団体や地域で活躍する子ども・子育て支援関係のNPO，母親サークルや自主的な支援グループなどと連携を深めて協働していくことを目指しています。
　第3として，地域の要保護児童や子どもをめぐる諸課題に，要保護児童対策地域協議会など関係機関等と連携，協力をすることであると示されています。
　ここでいわれる拠点機能は，子育て家庭が，①気軽に園に遊びに来ることができる，②保育の体験をすることができる，③相談や交流を図ることができる，④子育てに関する情報提供をする，などです。これはいわば，地域の子育て家庭へ，園のもつ子育てに資するような機能を開放することであり，「場所やモノ」「人材」「情報」などの環境的な資源や機能を開放することを指します。代表的な取り組みとしては，一時保育（一時預かり事業）を行い，地域の子どもを一時的に保育したり，定期的に子育てひろばや園庭開放，行事等への招待などを行い，園で遊んだり過ごしたりすることなどが考えられます。
　また，間接的に園で過ごす園児たちや他の子どもを見る機会となることや他の保護者とつながる機会，園のスタッフとつながる機会もこうした機能の1つとなるでしょう。一方，こうした行事等で園に来られない家庭とどのようにつながり，どのように支援をするのかは，大きな課題であるといえます。

表10-2 保育所保育指針における「地域における子育て支援」

（1） 保育所は，児童福祉法第48条の3の規定に基づき，その行う保育に支障がない限りにおいて，地域の実情や当該保育所の体制等を踏まえ，次に掲げるような地域の保護者等に対する子育て支援を積極的に行うよう努めること。
　ア　地域の子育ての拠点としての機能
　　（ア）子育て家庭への保育所機能の開放（施設及び設備の開放，体験保育等）
　　（イ）子育て等に関する相談や援助の実施
　　（ウ）子育て家庭の交流の場の提供及び交流の促進
　　（エ）地域の子育て支援に関する情報の提供
　イ　一時保育
（2） 市町村の支援を得て，地域の関係機関，団体等との積極的な連携及び協力を図るとともに，子育て支援に関わる地域の人材の積極的な活用を図るよう努めること。
（3） 地域の要保護児童への対応など，地域の子どもをめぐる諸課題に対し，要保護児童対策地域協議会など関係機関等と連携，協力して取り組むよう努めること。

出所：厚生労働省「保育所保育指針」（第6章3　地域における子育て支援），2008年より抜粋。

4 地域の「子育てひろば」における支援および新制度の支援

1 地域の「子育てひろば」における支援

（1）出会い・ふれ合う場としての支援・環境

　子育て支援の場は，さまざまな人と人とが関わり合い，見守る側も見守られる側も，その現場によって育てられるような，環境と支援が必要となります。地域子育て支援の拠点や子育て支援のプログラムを行う際に，人と人とが出会い，ふれ合う場とする工夫が必要です。

　たとえば植物の栽培や収穫，季節の行事や子どもの育ちを祝福するようなプログラム，水遊びや自然に触れるような遊びのプログラムを行ったり，定期的に子どもの育ちを確認したりする機会は，保護者と子どもが支援の場に行くきっかけとなります。そして，その場が保護者と子どもの「居場所」になってくると，特別なプログラムが行われなくとも居心地がよく過ごしやすく感じられます。広場にはこうしたプログラムとノンプログラム[*4]のバランスも大切になります。

一方，いかに子どもの遊び場として充実していたとしても，保護者の居心地がよくなかったり，保護者同士の関わりが少なかったりすると，その意味は半減します。子どもの遊び場のなかに保護者がいやすいような環境の工夫も必要になります。

　そのため，支援者は，遊びや行事などの企画を通じて，あるいは日常的な関わりを通じて，決して無理強いせずに，人と人とが緩やかに関わり，つながっていくような援助を行う必要があります。

（2）学び合い・支え合う場としての支援・環境

　子育て支援の場には，学び合う場としての機能もあります。子どもの育ちや離乳食，排せつなど育児に関する講座，自身の子育てや自分の生き方を見つめ直すための講座，再就職・キャリア形成などに関する講座など多岐にわたります。

　講座といっても，専門家など講師を招いて行う講義形式もありますが，たとえば円座になり，自らの体験を語り合うなかで，参加者同士が学びながら支え合えるような取り組みを行う実践もあります。こうした取り組みは，ノーバディズ・パーフェクトのプログラムのように，他者や自身の体験を語り合い，そこから日常的な育児等へのヒントを得ることで，直接的に自身の体験に帰していくのです。こうしたプログラムには，適正な人数で，何でも言い合えるような環境をつくることが大切になります。

＊4　**ノンプログラム**　特定のプログラムが固定的に設定されていないひろばの方法や形態のことで，いつでも気軽に来られゆったりと過ごすことに重きが置かれている。詳しくは，大豆生田啓友ほか（編）『よくわかる子育て支援・家庭支援論』ミネルヴァ書房，2014年，p.156参照。

＊5　**ノーバディズ・パーフェクト**（Nobody's Perfect）　カナダ生まれの子育て中の親支援プログラム。0歳から5歳までの子どもをもつ親を対象にし，参加者がそれぞれに抱えている悩みや関心のあることをグループで出し合って話し合いながら，必要に応じてテキストを参照して，自分にあった子育ての仕方を学ぶもの。詳しくは，ジャニス・ウッド・キャタノ，三沢直子（監修），幾島幸子（訳）『完璧な親なんていない！』ひとなる書房，2002年を参照。

2 子どもを守るための地域のネットワーク等

　子どもの育ちを点ではなく面で守るために，地域にネットワークをつくり，連携しながら支援を行う取り組みもなされるようになってきました。関係機関が共に虐待の早期発見と防止などを行う要保護児童対策地域協議会や保護者も参画する地方版子ども・子育て会議などがあります。また，支援センター等で待っているだけの取り組みではなく，必要な人のところへ出向いていく訪問型の支援もなされるようになってきました。

　保育所の保育士等がこうした取り組みに参画することも多くなり，今後の新しい展開といえます。

（1）訪問事業（アウトリーチ）

　近年，居宅訪問型の支援も広く行われるようになってきました。これは，物理的・心理的に地域子育て支援拠点になかなか来ることのできない家庭のための支援であり，個別支援の視点をより強調して行われています。

　たとえば，乳児家庭全戸訪問事業（こんにちは赤ちゃん事業）は，生後4か月までの子どものいる家庭に訪問し，子育ての状況を確認するとともに，相談や情報提供などを行います。実施している市町村は95.3％あり，訪問率は平均で90.6％となっています（2014年4月1日現在）。

　また，その後継続的な訪問支援が必要な場合，養育支援訪問事業があります。この制度は，特に必要であると判断した家庭に対し，保健師・助産師・保育士等がその居宅を訪問し，養育に関する指導，助言等を行うことにより，適切な養育の実施を確保することを目的としています。たとえば，若年の妊婦や望まない妊娠，妊婦健診未受診者，産後うつや子育てストレス，虐待のリスクのある家庭，乳児院や児童養護施設復帰直後の家庭が対象となります。主に乳児家庭全戸訪問事業や母子保健事業，保健医療の連携に基づく情報提供，関係機関からの連絡・通告等により把握されます。

　自治体によっては，産後直後の母親のための家事援助を行っていたり，イギ

リス発祥のホームスタート*6という相談援助事業を行っているところもあります。
　さらに，子育て援助活動支援事業（ファミリー・サポート・センター事業）や在宅保育サービス（ベビーシッター）として行われていた居宅における一時預かり事業も広がりました。

（2）子育て世代包括支援センター
　フィンランドのネウボラ*7を参考にした，産前からの継続的な総合的相談支援を提供するワンストップ拠点として，子育て世代包括支援センターが2015年より整備されました。これは，地域での妊娠前から妊娠・出産を経て子育て期に至るまでの切れ目のない支援を図るための事業です。妊産婦のみならず，子育て家庭の個別ニーズ*8に，専門的知見と当事者目線の双方を生かすような情報提供や相談支援を行うことで，必要なサービスを活用できるよう支援する「利用者支援」の機能や地域の関係機関等とのネットワークを構築し社会資源の開発等を行う「地域連携」の機能があります。
　子育て世代包括支援センターの中核を担う事業は，①利用者支援事業（母子保健型）：市町村保健センター等母子保健に関する相談機能を有する施設で行われ，保健師等の専門性を生かした母子保健のネットワークや医療機関，療育機関と連携する，②利用者支援事業（基本型）：地域子育て支援拠点事業等，日常的に利用できる当事者目線の相談支援を行い，子育て支援事業等と連携する，③市町村保健センター：妊娠届出の受理や母子保健手帳の交付など行政業

---

*6　**ホームスタート**　イギリスにおける訪問型支援。研修を受けた「ホームビジター」が就学前の子どものいる家庭を訪問し，親の情緒的身体的健康を強化するための支援（傾聴や家事育児・外出を共に行う「協働」）を行う。参考：西郷泰之『ホームビジティングへの挑戦』八千代出版，2006年およびNPO法人ホームスタートジャパンホームページ（http://www.homestartjapan.org/）。

*7　**ネウボラ**（neuvola）　フィンランド語で「助言・アドバイスの場」の意。1944年よりフィンランドで行われている事業であり，利用者との対話による相談をもとに，必要に応じて地域の機関と連携して行う母子保健・育児支援機関である。妊娠初期から就学前まで，1人のネウボラ保健師により，切れ目なく（ワン・ストップ），継続的に行われる，子どもとその家族への支援が特長である。参考：高橋睦子『ネウボラ　フィンランドの出産・子育て支援』かもがわ出版，2015年。本書第14章も参照。

*8　厚生労働省「平成27年度子育て世代包括支援センター事例集」参照。

務と連携する，等となっています。

（3）地方版子ども・子育て会議

　市町村や都道府県の「子ども・子育て支援事業計画」の内容や，子ども・子育て支援施策の検討を，より地域の実情に合ったものとするため，教育，保育，子育て支援の関係者及び子育て当事者等からなる，地方版「子ども・子育て会議」を設置しています。この会議の特徴は，保護者代表の委員を配置することです。これは，保護者の意見を行政や施策に取り上げ，実現するためであるとともに，子育て当事者の地方行政への参画意識を高め，地域住民の新制度への関心を高めることを目的としています。

　子ども・子育て会議の委員は，保護者のほか，学識経験者，保育所の職員または保育関係団体，幼稚園の教職員または幼稚園関係団体，NPO，市民団体等，民間企業，PTA（公募以外）等が多くなっています（自治体により異なる）。

（4）要保護児童対策地域協議会

　要保護児童とは「保護者のない児童又は保護者に監護させることが不適当であると認められる児童」（児童福祉法第6条の3第8項）であり，虐待を受けた子どもに限らず，非行児童なども含まれます。また，2008年の児童福祉法の改正により，支援の対象が「特定妊婦や要支援児童及びその保護者」に広げられました。こうした児童や家庭を地域で支援するためのネットワーク組織[*9]が，要保護児童対策地域協議会です。これを設置している市町村は1,722か所（98.9％），事例登録数は全体で17万8,610件であり，1か所あたりの平均ケー

---

*9　ネットワーク組織の構成員としては，以下のような関係機関等がある。
【児童福祉関係】市町村の児童福祉・母子保健等の担当部局，児童相談所，保育所（地域子育て支援センター），児童養護施設等の児童福祉施設，民生・児童委員，社会福祉協議会等。
【保健医療関係】保健センター，保健所，医療機関，医師，保健師，助産師，精神保健福祉士，カウンセラー（臨床心理士等）等。
【教育関係】教育委員会，幼稚園，小学校等。
【警察・司法関係】警察，弁護士会，弁護士等。
【その他】人権擁護委員，配偶者暴力相談センター，NPO，ボランティア，民間団体等。

ス登録数は，要保護児童ケース登録数が70.6件，要支援児童ケース登録数が31.3件，特定妊婦ケース登録数が1.9件でした[*10]。要保護児童ケース登録数のうち，児童虐待にかかるケース登録数が8万4,917件（47.5％）ともっとも多く，1か所あたりの平均ケース登録数は，49.4件でした。

要保護児童対策地域協議会の設置主体は，地方公共団体となっており，設置については要綱を定めるとともに，守秘義務も課されます。

（5）子育て支援員制度

小規模保育等の保育や放課後児童クラブ，社会的養護，地域子育て支援など，子ども・子育て分野で働く地域の人材を確保するため，全国で共通する研修を行う制度がつくられました（第15章参照）。子育て支援員制度は，全国共通の研修制度のため，共通の「基本研修」と特性に応じて専門的内容を学ぶ「専門研修」があり，修了した人は，「子育て支援員研修修了証書」の交付を受け，子育て現場で活動します。

本章のまとめ

園のなかの保護者支援にとどまらず，地域の子育て支援に園としていかに参画するかが新制度のなかにも強く盛り込まれています。特に，園のなかで待つだけでなく，保護者のニーズのある場所に出張したり，訪問したりする支援も求められています。

＊10　厚生労働省「子どもを守る地域ネットワーク等の調査結果について（平成25年度調査）」2015年。

第 11 章
発達のつまずきや障害のある子どもの家庭支援

● ● ●

> **ポイント**
> 1 子どもの障害を受容する過程について理解しよう。
> 2 保護者への対応について学ぼう。
> 3 保育実践を通した家庭支援について考えよう。

1 子どもの障害を受容する過程の理解

1 早期に診断しやすい障害の受容過程

　子どもの障害に対する保護者の受容の過程に関わる要因の一つに，早い時期に確定診断にいたりやすい障害かどうかということがあります。障害の種類や程度によって，早期に障害に気づいたり確定診断しやすい場合とそうでない場合があるのです。

　新生児期のスクリーニング検査で明らかになったり（聴覚障害など），障害の可能性が外見で確認できたりすると（ダウン症など），出生後の早い時期に障害があることがわかります。多くの場合は医師が発見して保護者に伝えますが，その場合は保護者は思いがけない現実に突然直面することになり，大きなショックを受けることがあります。確定診断されることで，子どもに障害がある事実を保護者は受けとめざるを得ません。一方，医療や福祉などによる支援の体制は整いやすい状況にあります。

　支援に関わる立場の人には，「保護者は最初の混乱を脱すれば，その後は障害を受け入れて支援者と協力しながら前向きに子育てしていくものだ，またそうあるべきだ」と考える傾向があるように思います。しかし，保護者が悲しん

だり落ち込んだりする気持ちは，一度乗り越えれば解消されるというものではありません。子どものそのときどきの状態や，成長発達によるさまざまな変化とともに，高まったり落ち着いたり，ある気がかりがなくなれば別の不安が生まれたりします。また，障害のある子どもが生まれたことに対して自分を責める気持ち，子どもの将来への不安，きょうだいがいる場合はきょうだいに対する心配といった思いを，保護者は常に抱えています。

　解決されることのないこうした思いは，目の前の子どもと向き合い日々を過ごしていかなければいけない現実のなかでは，多くの場合普段は心の奥底にしまわれています。しかしこれが，子どもの人生の節目や，保護者の心身が不調なときには，心の表面に出てくることもあります。このように，保護者には前向きな気持ちと後ろ向きな気持ちが同居していて，どちらかが強く表れることをくり返しているのです。

事例11-1

　B子さんは，ダウン症のAちゃんが3歳のときから保育所を利用しています。入所して1年たった最近，これまでの思いを保育者に話すようになりました。

　Aちゃんが生まれてしばらくは，「毎朝あれは夢だったんじゃないかと思って，でもAの顔を見ると，ああほんとなんだって涙が出てしまって」と，受け入れられない気持ちがとてもつらかったそうです。Aちゃんが生後3か月になった頃から，表情が出てきて笑うようになったことや，機能訓練の理学療法士が親子に温かく接してくれたことで，「少しずつ気持ちがやわらかくなって，世界に色が戻ったようでした」と，徐々にAちゃんに向き合っていったようです。

　1歳を過ぎ，ゆっくりながらもつたい歩きをするようになったAちゃんの成長を喜んでいたB子さんでしたが，1歳6か月児健診の案内を受けて「ふつうの子たちのなかにAがいる光景をイメージしたとき，どうしようもなく落ち込んでしまったんです」と，再び後ろ向きな気持ちに大きく振れてしまったときのことを語ってくれました。

2 早期の診断が難しい障害の受容過程

　早期に確定診断がつきやすい障害に対して，気づきや診断が難しい障害もあります。知的障害や発達障害の場合，たとえば以下のような子どもの様子に気がかりを感じて，保護者が次第に気づいていくことが多いようです。

- ・運動の発達がゆっくり（おすわりや初歩の時期が遅いなど）
- ・言葉の発達がゆっくり（初語の時期が遅い，言葉の数が増えないなど）
- ・コミュニケーションがとりにくい（目が合わない，一方的に話すなど）
- ・保育所や幼稚園の集団生活でできないことが多い（園生活の決まりや流れを覚えられない，一斉活動で周りと同じように動けない，着席ができないなど）
- ・人と関わることが苦手（友達に関心を示さない，相手が嫌がることをくり返すなど）
- ・切り替えが苦手（泣きやかんしゃくがおさまりにくい，特定の物や行動パターンにこだわる，今していることを終わらせられず片づけや入室ができないなど）

　保護者は，「ほかの子どもと何か違うのではないか」という思いと，「まだ小さいからこんなものだ」「大きくなったら追いつくはず」といった気持ちとの間を揺れ動きます。知的障害や知的障害を伴う広汎性発達障害の場合，保護者が障害の可能性に気づいたあと，平均で半年ほどしてから，医療機関や相談機関に行っているという研究があります[1]。知的障害を伴わない発達障害の場合は，気づきから専門機関を訪れるまでの期間がさらに長くなる傾向があると考えられます。

　気づきを得にくい障害では，幼児健康診査（以下，幼児健診）や小児科などで発達のつまずきを指摘されて初めて，保護者が子どもの障害の可能性を意識するケースがあります。「子どもの行動の理由がわかって納得した」とか「自分の子育てのせいではなかったのだと思って救われた」と，指摘が保護者にとってプラスに働く場合もあります。指摘をする立場としては，保護者にこのよ

＊1　中田洋二郎「親の障害の認識と受容に関する考察——受容の段階説と慢性的悲哀」『早稲田心理学年報』第27巻，1995年，pp.83-92．

うに受け取ってもらえるように伝える配慮を最大限にしなければなりませんが，実際には怒りや拒絶といった反応を示す保護者も少なくありません。そうした場合は，子どもの発達のつまずきに向き合う葛藤がさらに大きくなります。

　保護者が子どもの発達のつまずきに気づき，その気づきを深めていくのには，さまざまな経緯があります。客観的な診断の指標がない発達障害などでは，医療機関や相談機関で障害を指摘されても，そのうち追いつくのではないか，"ふつう"になるのではないかと考えて，「障害がある」ということを受けとめるのが難しい保護者もいます。確定診断が可能な障害以上に，保護者の気持ちは揺れ動きやすいといえます。

3 「受容」の意味と支援

　上記では，障害の受容過程に関わる要因として，早い時期に確定診断ができるかどうかを取り上げましたが，そのほかにも保護者の性格，価値観，心身の健康状態，家族関係，周囲のサポートの状況などがあります。さまざまな要因が絡み合って，保護者が子どもの障害に向き合っていく過程のありようは，人によりさまざまです。また，障害に対して否定的な思いから肯定的な考えへと単純に切り替わっていくものでもありません。

　そうした障害の受容過程の多様さや複雑さを理解したうえで，大切なのは，保護者の気持ちが否定的な方向に揺れているとき，その状態は決して非難されるべきものではないということです。中田（1995）[*1]は，保護者が不安，悲しみ，拒否など否定的な思いを強くもつ時期と，現実を受けとめて前向きな考えを強くもつ時期をくり返す流れのすべてが，保護者の適応の過程であるとしています（図11-1）。受容という言葉は，対象を肯定する意味合いを含みます。完全な受容というゴールがあるなら，それは保護者にとっても子どもにとっても，この上ないことでしょう。しかしながら，そのようなケースはほぼありません。「かわいいと思えない」「この子さえいなければ」「自分がもっと気をつけていたら障害なく生まれてきたかもしれない」……。なにかしら辛い思いを抱きながら，それでもわが子の今と将来を，それぞれの保護者なりに精一杯考えよう

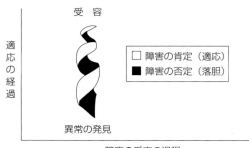

図11-1　障害受容のらせん形モデル
出所：中田，1995年，p.90。

としているのです。

　子どもの発達のつまずきや障害を理解しようとしてもできないこともあり，頭では理解していても気持ちが受け入れられないこともあります。子どもと保護者の日常にもっとも近い位置にある支援者として，保育者は，そのような保護者の戸惑いや苦しさを受けとめ，保護者が再び前を向いて立ち上がる支えとなる大切な役割を担っています。

② 保護者への対応にあたっての基本的事項

1│保育者自身の気づきと対応

　保護者が子どもの発達のつまずきに向き合っていく過程を保育者が支援するには，まず保育者自身が子どもの特性に気づき，対応の工夫をしていくことが必要です。子どもの発達の気がかりを捉えたら，保育者はその気がかりについて自分のなかで整理し，他の保育者と共有し，理解を深め，対応の方法を考えて実践してみます。うまくいかなければ，別の工夫を試みたり，子どもに対する理解の仕方からやり直したりします。保育の現場でのこうした試行錯誤が，保護者を支援するうえで大切な土台になるのです。

2 | 保護者との信頼関係

　保育者が子どもの発達につまずきを感じ，理解を深めるなかで，専門的な発達の評価や支援があったほうがよいと思われる場合は，保育者はその思いを保護者と共有しようとします。そのために，子どもの発達の気がかりなところを保護者に理解してもらえるように伝えたいと考えます。

　ここで大切な視点は，保護者との信頼関係です。信頼関係は，保護者と子どもと保育者がそれぞれの関わりを通じて育ち合うために，不可欠なものです。子どもの発達の気がかりを保育者に言われたら，保護者は傷ついたり怒りをおぼえたりするかもしれません。それはある程度は避けられない部分もありますが，信頼関係を大きく損ねてしまうほどのものであってはなりません。子どもの発達の気がかりなところを保育者がどのように伝えるか，保育者から伝えることが望ましくないと思われる場合は他の機関や専門家とどう連携していくのかを，保護者との信頼関係の視点から十分に考える必要があります。

3 | 発達の評価はしない

　保育者は，子どもの発達や障害の専門家ではありません。ですから，「発達が1年くらい遅れている」「自閉的な傾向がある」といった診断的な評価をしてはなりません。これは，「うちの子，遅れがあると思いますか」など，保護者から相談があって意見を求められたときも同様です。

③　受容の段階に応じた保護者への対応

1 | 気づきにくい保護者への対応

　子どもの発達のつまずきに気づくのは，先の❶「2　早期の診断が難しい障害の受容過程」であげたような子どもの様子に，保護者が気がかりを感じることがきっかけになります。

子どもの様子に気がかりを感じにくい保護者には，以下のような状況や特徴がよく見られます。
- 同年齢のほかの子どもを見る機会が少ない（公園や児童館に行かない，働いているなど）。
- 子どもができないことはすべてやってあげる，子どもの要求には何でも応えるなどで，困り感がない。
- 子どもとの関わりが少ない。子育てへの関心が低い。
- 保護者自身の心身の健康や理解力の程度に課題がある。

　また，人がたくさんいるところでは目や耳から入る刺激が多くて不安定になりやすいなど，子どもの発達の課題が集団場面で現れやすい特性をもっている場合にも，刺激が少ない家庭の環境では保護者が気がかりを感じにくいことがあります。

　なぜ気づきを得にくいのか，保護者の考え方や生活の状況を丁寧に捉え，その背景を理解しようとすることが，保護者対応の第一歩になります。

2│気づきを得て揺れ動く保護者への対応

　集団保育は，保護者がほかの同年齢の子どものなかで自分の子どもを見ることができる場です。保育所や幼稚園に入って初めて保護者が子どもの育ちに気がかりを感じたり，入園前になんとなく感じていた心配がはっきりしたりする場合も多くあります。そうしたケースでは，保育者は，保護者が気づきを得て揺れ動く段階に関わることになります。

　子どもに遅れがあるのではないか，自閉的なのだろうかなど，保護者が気づきを保育者に相談してきた場合は，保育者は，まず保護者の心配な気持ちを丁寧に受けとり，そうした心配を感じるようになった理由を尋ねます。その理由が保育の場での子どもの様子に一致するものであれば，そのことを保護者に伝えます。その先の，遅れがあるのか，自閉的なのか，などの発達の見立てについては，保育者の立場から伝えることではありません。子どもの発達に関する相談の窓口を案内したり，幼児健診の時期が近ければそこで相談してみるよう

にすすめます。

この段階で保育者がもっとも難しさを感じるのは、保護者が子どもの発達のつまずきに気づいてはいるけれど、そのことに向き合うのを避けている場合だと思います。保護者は、自分の心配や保育者が感じている気づきを打ち消すために、「いやいや、だいじょうぶ」と思える方向の見方や理由づけをすることがあります。

事例11-2

2歳のCちゃんは、常に走り回っていて、部屋からの飛び出しや突然大声を出すことがよくあります。また、意味のある言葉がまだ出ていません。母親のD子さんは、保育者に「うちの子おかしいですよね」とぽつりと言うことがあります。子育ても大変な様子です。

保育者がD子さんの困っていることを相談機関で相談してみてはどうかと伝えると、D子さんは「まだ2歳なんですから、男の子なんてこんなものでしょう。この子の父親もお兄ちゃんも小さい頃、言葉が遅かったけど、今は問題ないから、この子も心配していません」と厳しい表情で言いました。

このような保護者に対して、保育者が、「親が逃げている」とか「子どもが伸びる機会を親がさまたげている」といった"悪者あつかい"をしてしまうことがあるようです。保育者は、常に子どもの最善の利益を考慮する専門職ですから、そうした意識をもちやすいのかもしれません。

しかし、自分の子どもの育ちを邪魔しようと思う保護者はいません。気づきへの向き合い方には、保護者の性格や家族関係などが影響します。気づきに向き合うことが難しい保護者は、たとえば以下のように、切実な思いを抱いている場合が多くあります。

・自分が「障害児」を生んだ、「できない子」に育てた、などと否定的に評価されるのではないかと不安に感じる。
・障害に対する家族や親戚の抵抗が強く、言い出せない（夫が「自分の子どもを障害児扱いするのか」と怒る、祖父母が「うちの家系に障害児は認められ

ない」と言う，など）。
・障害を疑うことが，子どもの育ちの可能性を失わせるように感じる。

　気づきに向き合わないことは，保護者にとっては"守り"なのです。保護者の思いと背景をくみ取ろうと努め，丁寧に寄り添っていくことが大切です。保護者を子どもの親として捉えて「子どものために保護者の気持ちをなんとか動かしたい」ではなく，保護者を個人として尊重して「この人の気持ちを少しでもわかって受けとめよう」とまっすぐに思う保育者の関わりが，保護者が心に秘めた不安に目を向けていくための支えになるのだと思います。

3 気づきを促す伝え方

　保護者の気づきを促すには，以下のような方法があります。

（1）園での子どもの様子を見てもらう
　集団保育は，同年齢の集団のなかで子どもを見る機会や，家庭と異なる環境での子どもの様子を見る機会を得やすい場です。保育参観や運動会などのイベントに参加してもらったり，保護者会の活動などで保護者が来園するときに声かけをして，普段の子どもの様子を見てもらったりするとよいでしょう。

（2）保育者の手立てを具体的にエピソードで伝える
　保育者が感じる子どもの発達のつまずきをそのまま保護者に伝えることは，保護者との信頼関係を損ねたり保護者が大きく傷ついたりする可能性があるので，避けたほうがよい場合が多いと思われます。伝え方の工夫としては，子どもの発達のつまずきが現れる場面について，子どもが生活や集団参加をしやすくなるように保育者がとっている対応や配慮をエピソードとして具体的に伝える形にします。これは，②「1　保育者自身の気づきと対応」で述べたように，発達の見立てに基づく対応をしていることが前提になります。そして，そのエピソードのなかで，①子どもなりの思いやがんばりも伝える，②「〇〇しないと××できない」でなく「〇〇すると××できる」というように前向きな

表現で伝える，の2つの点に配慮するようにします。このような助言には，以下の3つの効果が期待できます。

・保育者の対応が保護者の子育ての参考になる。
・保育者が子どもを前向きに理解して対応しようと努めている姿勢が伝わり，信頼感の形成につながる。
・ほかの子どもよりも配慮が必要な状況が伝わり，発達のつまずきへの気づきにつながる。

―事例11-3―
　保育者は，4歳のEくんが指示や説明を理解できていない様子や，いつもと違う生活の流れや初めての活動が苦手でほかの子どもと一緒に動けないことが気になっています。そこで，前日の製作活動でつくった折り紙の作品を見せながら，保護者に次のように伝えました。「製作の説明がわかりにくかったみたいでEくん困っていたんですけど，保育者がついて手順を一つずつ伝えたら，よく聞いて一生懸命つくってくれました。あと，運動会の練習が始まって，初めてやることが多いので，不安そうで泣いてしまっていたんです。それで，みんながやっているのを保育者と一緒に見るようにしていました。そしたらだんだんわかって自信がついてきたみたいで，今日は自分からみんなに加わってがんばっていました」。

（3）保育以外の相談先の利用も考える

　保育者が保護者に対して子どもの発達の気がかりなところを伝えるのは，簡単なことではありません。保育者は発達の専門家ではありませんし，**2**「2　保護者との信頼関係」で述べたように，信頼関係が損なわれる可能性もあるからです。

　保育者から伝えるのが難しいと感じられるケースでは，子どもの発達に関して保護者と関わることのできる保育以外の場の利用を考えてみます。もっとも利用しやすいのは，1歳6か月児健診や3歳児健診などの幼児健診です（地域によっては5歳児健診を行っているところもあります）。さまざまな理由で受診しない保護者もいるため，健診に出向いてもらえるように促します。具体的には，

クラス全体への掲示や手紙で健診の日時を伝える，働いている保護者には「もうすぐ健診ですがお休みはとれそうですか」など，さりげなく声かけするといった工夫があります。気がかりな子どもについて，健診を実施する市町村の保健センターなどとどのような連携ができるかは自治体によって異なるため，確認しておくとよいでしょう。

　保護者が実際には子どもの発達のつまずきに気づいていて，保育者には打ち明けられずに抱え込んで悩んでいる場合もあります。地域の子育て相談や発達相談のチラシを掲示したり，クラス全体にお知らせとして配布したりして，保護者に保育の場以外の相談先を知らせる手立ても大切です。

　保護者のほうから子どもの発達についての心配を相談してきたときは，まずその相談を丁寧に受けたうえで，発達を専門にみてくれるところで相談してはどうかと提案してみます。直接相談がなくても，先に述べたように保育者が保護者に気づきを伝えていくなかで，保護者の理解が進んできたと感じられれば，専門の相談や支援につなぐことを試みます。保護者の心配をあおるのではなく，「相談してみて大丈夫ならそれでいいし，なにか配慮をしたほうがいいならその配慮を早いうちにしていけると，子どもがよりよく伸びるし子ども自身も楽しい」と，前向きな目線で伝えるようにします。

　発達につまずきのある子どもは，うまくいかないことが多い分，子どもなりにとてもがんばっています。こうした子どもは，苦手な部分への対応の仕方がわからなくてとまどったり，がんばり方が適切でなくて結果的に「困った行動」になったりしがちです。苦手な部分への対応を学び，上手ながんばり方を身につけられれば，子どもの努力は実っていくでしょう。専門の支援を受ける目的はそこにあるのだという考え方を，保護者に示していくことが大切です。この考え方は，支援の利用に踏み出すときはもちろん，幼児期以降も支援を必要とする子どもの場合，将来にわたって子どもと保護者を支えていくものです。

---事例11-4---
　3歳のFちゃんは一人遊びが多い子でしたが，最近，ほかの子どもがつくった

つみ木をこわしたり，遊びを見ていて突然叩いたりする行動が目立ちます。Ｆちゃんが言葉を発することはあまりなく，返事は「うん」か首ふりで示します。保護者はＦちゃんの様子を心配しており，家でも急にかんしゃくを起こすことに困っています。保育者は保護者の相談を受けて，地域の児童発達支援センターの相談の案内を渡し，次のように伝えました。

「最近お友達とのトラブルが多いのは，Ｆちゃんがお友達に興味をもち始めたという成長のあらわれだと思います。ただ，どう関わっていいかわからなくて，手が出てしまっているのだと思います。おうちでも，思いはたくさんあるのだけど，うまく言えなくて，かんしゃくを起こすのかもしれませんね。保育では，できるだけＦちゃんの気持ちをくんで，関わり方を伝えるようにしていますが，もっとＦちゃんのことを理解して，いい手立てをとっていけたらと考えています。子どもの育ちを詳しくみてくれるところで，Ｆちゃんがどんな感じ方や考え方をするのか意見をもらったり，大人がどう対応したらいいか一緒に考えたり，Ｆちゃんが人と関わる練習を自分のペースでしていける場があったりすると，いいように思います。お友達と関わりたいと思うようになったＦちゃんの気持ちが，うまく関われた経験につながるように，みんなで考えて支えていきたいと思っています」。

4 専門の支援を受けてからの保護者への対応

専門の支援を受けてからは，保育者は保護者の了解を得たうえで，支援機関と連携して子どもの理解と対応をしていくことが重要です。子どもが医療ケアを受けている場合は，活動の制限や服薬などについて必要な情報をもらい，確実に対処します。療育機関を利用している場合は，療育での目標と実践の内容を伝えてもらえると，保育の参考にもなり，療育と保育に一貫性ができれば子どもにとって好ましいことです。また，保育の場で対応に悩んだときには，支援機関の担当者に相談できる体制をつくっておくとよいでしょう。支援機関とのやりとりの内容や，それを受けた保育の工夫については，保護者に丁寧に伝えるようにします。

専門の支援を受けるようになっても，保護者と子どもにもっとも身近に接する立場にあるのは保育者です。引き続き，保護者と子どもの状態を丁寧に把握し変化を捉えること，日常的な保護者の困り感に耳を傾けることは，保育者の大切な役割です。そのなかで，保護者が後ろ向きな気持ちを強くもつ時期もあるかもしれません。そうしたときに，保護者に対して「障害をまだ受け入れられないの？」と批判的な目を向けたり，「お母さんがしっかりしないと」と無理に前を向かせようとするのは，対応として適切ではありません。保育者が保護者の後ろ向きな気持ちを大切に受けとめることが，保護者が再び前を向いていく支えになるのです。

　子どもの障害に対する保護者の理解が進み，支援の体制も整っている場合は，保育者は心配の少ないケースと捉えがちです。でも，「子どものことをよくわかっている」「がんばっていてしっかりした」保護者ほど，子育てを抱え込んでしまう傾向があります。自分がこの子を守らなくてはという思いや，人の"お世話になる"立場への抵抗があるのだと思います。そうした保護者にとって，保育者は，子どもの育ちを見守り，助け，喜んでくれる，保護者の子どもへの理解と対応を尊重し共有してくれると感じられる存在でありたいものです。そのような存在が身近にあると，保護者は，子育てや子どもの育ちが家庭以外の場とつながるのは悪くない，大切なことだ，という思いをもつことができます。この思いは，将来子どもが子どもなりに自立に向かっていくときに，保護者が上手に「子離れ」していくための土台になるのです。

④　育ち合う保育を通じた保護者支援

1｜周りの子どもへの対応

　保育の集団のなかに，発達のつまずきや障害のある子どもがいるとき，対応が必要なのはその子どもだけではありません。周りの子どもたちは，幼いなりに「この子は何か違う」と感じたり，保育者がその子どもにしている配慮を自

分にもしてほしいと思ったりします。そして、その子どもをこわがったり、からかったり、まねをしたりします。そのような周りの子どもに対応することも必要です。

周りの子どもたちが「何か違う」ものを感じること、それに対していろいろな感情が引き起こされることは、自然な反応です。周りの子どもたちへの対応とは、そうした反応が、障害のある子どもに対する不適切な評価や行動に結びつかないようにするということです。これは保育者がもっとも苦労する対応の一つかもしれません。しかし、この対応を「保育のなかで共に育ち合う」という視点で考え実践していくと、障害のある子ども、その周りの子どもたち、そして保護者も含めて、それぞれの育ちに保育が大きな役割を果たすことになります。

「育ち合う」保育とは、以下のメッセージを、保育者のまなざしや言葉かけや活動の組み立ての工夫などに織り込んでいく日々の実践のうえに成り立つのだと思います。
- 一人ひとりが、かけがえのない唯一の存在であること
- 一人ひとりがすべて「違う」ことが、すばらしいということ
- 「違う」の中身には得意も苦手も含まれる。それらすべてが大切であること
- 支える人も支えられる人も、どちらも大切な存在であり、どちらの立場であってもその人なりに一生懸命生きているのが大事であること

子どもは、自分にとって大切な存在である保育者が発信していることを、敏感に受けとります。障害のある子どもとの関わり方について「みんな仲良くしましょう」とか「からかってはいけません」などと行動を導くことも必要でしょう。しかし、周りの子どもに何よりも強いメッセージとして伝わるのは、障害のある子どもの思いを大切に受けとめ、その子どもなりに一生懸命考え行動していることを尊重する保育者のまなざしです。保育者が周りの子どもに対しても同じまなざしを注ぐならば、障害のある子どもへの配慮に対するやきもちや不満は、薄れていくものです。そうやって、子どもは自分も人もそれぞれに

大切な存在であることを身をもって感じ、その感覚のうえに「育ち合う」経験を重ね、信頼感や協調性や道徳性が育まれていくのです。

2 周りの保護者への対応

周りの子どもたちだけでなく、その子どもたちの保護者への対応も重要です。障害のある子どもが突発的に手が出やすい場合など、周りの子どもたちの保護者から苦情が寄せられるケースはよくあります。また、苦情のように表には出てこなくても、「きっと親のしつけが悪いのだ」とか「保育者がその子どもだけ甘やかしている」など、障害のある子どもや保護者に否定的な感情を抱いたり、保育者に不信感をもったりすることもあります。こうした事態への対応としては、上記のように保育の場で子どもたちが育ち合う姿をとおして、周りの子どもたちの保護者にも、障害のある子どもについて伝えていきます。具体的にどのように伝えるかは、障害のある子どもの保護者とよく話し合い、了解を得ることが必要です。

保育実践をとおして、周りの子どもたちやその保護者を含めた育ち合いのなかにわが子が育まれるならば、それは障害のある子どもの保護者にとってこのうえない支援であるといえるでしょう。

本章のまとめ

保育の現場で発達のつまずきや障害のある子どもの家庭支援にあたるとき、保育所保育指針に示されている保護者支援の理念や基本的事項が、どのような視点や工夫として実現されるかを、この章を通して考えてみましょう。

■参考文献

田中千穂子『障碍の児のこころ――関係性のなかでの育ち』ユビキタ・スタジオ、2007年。
徳田克己・田熊立・水野智美（編著）『気になる子どもの保育ガイドブック――はじめて発達障害のある子どもを担当する保育者のために』福村出版、2010年。

第12章

子ども虐待への対応

ポイント

1 子ども虐待のリスク要因について理解しよう。
2 虐待の早期発見と他機関連携の方法について学ぼう。
3 保護者や子どもへの対応方法について理解しよう。

1 子ども虐待と発生リスク

1 子ども虐待とは

　子ども虐待（child abuse）とは，「児童虐待の防止等に関する法律（以下，児童虐待防止法）」において，①身体的虐待，②性的虐待，③ネグレクト，④心理的虐待の4つに分類されています（表12-1）。子ども虐待は増加の一途をたどっており，2014年度における児童相談所の対応件数は約8万9,000件にのぼっています。子どもへの虐待は，たとえ親が「子どものため」と考えていたとしても，子どもの権利を侵害する有害な行為であり，決して許されるものではありません。つまり，虐待かどうかは「しつけ」等の親の意識ではなく，子どもへの影響によって判断されるものなのです。

　虐待を受けている子どもを年齢別に見ると，乳幼児が全体の43.5％を占めており（図12-1），保育者が虐待を受けている子どもに出会う可能性が十分にあることがわかります。虐待種別の割合は心理的虐待，身体的虐待，ネグレクトの順に多く，性的虐待は少数となっています（図12-2）。性的虐待はその行為の意味を理解していない低年齢児では発見されにくく，また，子どもへのケアが進むなかで後に明らかになった場合には，児童相談所の相談件数には反映さ

表12-1 児童虐待防止法における児童虐待の定義

身体的虐待	児童の心身に外傷が生じ、又は生じるおそれのある暴行を加えること。
性的虐待	児童にわいせつな行為をすること又は児童をしてわいせつな行為をさせること。
ネグレクト	児童の心身の正常な発達を妨げるような著しい減食又は長時間の放置、保護者以外の同居人による身体的虐待、性的虐待、心理的虐待と同様の行為の放置その他の保護者としての監護を著しく怠ること。
心理的虐待	児童に対する著しい暴言又は著しく拒絶的な対応、児童が同居する家庭における配偶者に対する暴力その他の児童に著しい心理的外傷を与える言動を行うこと。

出所：児童虐待防止法第2条より作成。

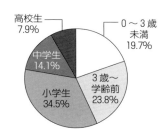

図12-1 虐待を受けている子どもの年齢
出所：厚生労働省「福祉行政報告例（平成26年度）」2015年より作成。

図12-2 虐待種別の割合
出所：厚生労働省「福祉行政報告例（平成26年度）」2015年より作成。

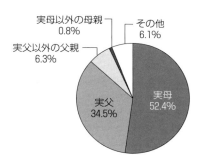

図12-3 虐待者の割合
出所：厚生労働省「福祉行政報告例（平成26年度）」2015年より作成。

れません。そのため、相談件数としての性的虐待は、非常に少ない割合となっていると考えられます。虐待者の割合は実母がもっとも多く、次いで実父、継父、継母の順となっています（図12-3）。つまり、子ども虐待とは、ほとんどが実の親によって行われているのです。

2 虐待発生のリスク要因

それではなぜ、家庭内で子ども虐待が起こってしまうのでしょうか。虐待は、単独の要因によって生じるというよりも、親自身の問題、夫婦関係や家族の病気等のストレス、近隣・親族を含む社会からの孤立、育てにくさ等の子どもの問題、相性の悪さ等の親子の関係性の問題が複合して発生すると考えられています[*2]。また、親自身が虐待された経験をもつ場合には、子どもへの虐待が起こりやすいこともよく知られています（図12-4）。

一例として、子ども虐待が起こっているAくんのケースを見てみましょう。

──事例12-1──────────────────────────

　保育所の4歳児クラスに在籍するAくんは、家庭で手足に怪我をして登園することがたびたびありました。Aくんは落ち着きがなく衝動的に行動したり、思い通りにいかないと他児や保育者をたたいたり蹴ったりしてしまいます。家庭でも、大声を出す、家のなかを走り回る、高いところから繰り返し飛び降りるという姿(1)があり、近隣住民からも苦情が出て困っている(2)とのことでした。
　あるとき、Aくんが後頭部に大きなこぶをつくって登園してきました。保育者が怪我の発生状況を母親に尋ねると、「見ていなかったが、自分で転んで打ったみたい」とのことで、病院は受診していませんでした。また、その日の保育にあたって、母親に怪我の程度や当時のAくんの様子など、詳細を尋ねても、「よく覚えていない」と曖昧な説明をするのみ(3)で、Aくんに尋ねても「転んだ」としか答えません。担任保育者は、最近、Aくんがお迎えの時間が近づくと落ち着き(4)

───────────────────────────────

＊1　西澤哲『子ども虐待』講談社、2010年、p.114。
＊2　佐藤まゆみ「児童虐待とDVへの対応」新保育士養成講座編纂委員会（編）『児童家庭福祉』全国社会福祉協議会、2014年、p.160。

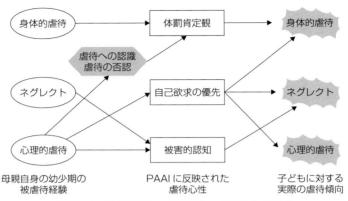

図12-4 被虐待経験・虐待心性・虐待傾向の関連
出所：西澤哲『子ども虐待』講談社，2010年，p.69。

がなくなり身支度を嫌がること、母親が迎えにくると逃げ回り、「保育園にお泊りしたい」と言って帰りたがらないこと が気になっていました。Aくんがこれまでに繰り返し怪我をしていること もあり、虐待の可能性を感じたため、この件についてすぐに園長に報告しました。

　Aくんの母親は、自分自身の親と同世代であることもあって、園長に信頼を寄せており、これまでに何度かAくんの子育てについて相談をしていました。その日の夕方、園長はお迎えにきた母親にAくんの怪我について、心配そうに尋ねました。すると、母親はAくんの落ち着きのなさ にイライラして、言うことを聞かないと怒りに任せてたたいたり、蹴ったりしてしまうこと、母親自身も父母から虐待を受けてきたこと、「Aが言うことを聞かないのは、お前の育て方が悪いからだ」と、夫から暴力をふるわれていること などを、打ち明けました。

　この事例では、Aくんに対する身体的虐待があることがわかります。その背景として、先に見たさまざまな虐待発生要因のうち、どのようなものが関わっていると考えられるでしょうか。まず、下線部(1)、(2)、(8)からは、落ち着きがなく大人が行動を制止することができないという、Aくん自身の育てにくさがうかがえます。こうしたAくんの姿は、近隣住民との関係悪化にもつながって

います（下線部(3)）。また，母親自身の問題として父母からの被虐待経験（下線部(10)），夫婦間暴力（下線部(11)）という問題を抱えていることがわかります。このように，子ども虐待は複合的要因によって生じるのです。

② 保育者による虐待の早期発見と予防

1 保育者による早期発見

　福祉・教育関係者には児童虐待防止法第5条によって，虐待の通告義務が規定されており，虐待の疑いをもった段階で，速やかに市町村や児童相談所等へ通告しなければなりません。特に，保育所等は日々の送迎を通した保護者との関わりや，継続的・長期的な子どもへの関わりを通して，虐待を発見しやすい立場にあります。保育所保育指針解説書には，観察のポイントとして，①子どもの身体の状態，②心や行動の状態，③不適切な養育状態，④親や家族の状態の4つがあげられています。それぞれについて，事例に基づいて考えてみましょう。「①子どもの身体の状態」では，Aくんの繰り返される怪我（下線部(7)），「②心や行動の状態」では，落ち着きのなさや攻撃性，帰宅への不安や抵抗（下線部(1)，(5)，(6)）などが見られます。また，「③不適切な養育状態」としては母親からの暴力（下線部(9)）が，「④親や家族の状態」では，母親の被虐待経験や夫婦間暴力があることがわかります（下線部(10)，(11)）。

　保育所保育指針解説書の示す上記の内容は，幼稚園や認定こども園においても重要であり，日頃から意識的に親子の様子を把握しておくことが必要です。具体的には，図12-5に示されるように，着替えやオムツ交換時に傷やあざがないか，食事や入眠，遊びの様子で気になる点がないかを確認します。また，送迎時や行事，連絡帳の記載内容等を通して，保護者の様子や親子関係にも注意を払います。気になることがある場合には情報収集を行い，状況の把握に努

＊3　厚生労働省（編）『保育所保育指針解説書』フレーベル館，2008年，pp.157-158。

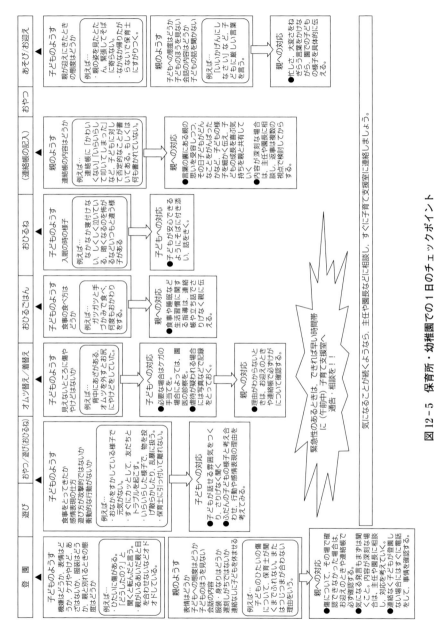

図12-5 保育所・幼稚園での1日のチェックポイント

出所：WAMNET「子どもの虐待防止の推進に向けた取り組みについて（枚方市）」第69回市町村職員を対象とするセミナー（平成20年2月15日開催）資料7。

めるとともに、保護者にもタイミングを見て確認をとります。事例では、Aくんの怪我に対する母親の説明がとても曖昧です（下線部(4)）。このように、保護者が怪我について話したがらない、説明が矛盾している、隠そうとするなどの場合には、虐待の可能性を考える必要があります。

2 │ 専門機関への通告

　虐待の疑いをもった場合には、関係機関への通告が必要です。保育士には児童福祉法（第18条の22）による秘密保持義務（守秘義務）がありますが、虐待の通告はこれに反するものではありません。虐待は子どもが死に至るリスクがあり、守秘義務よりも子どもの命を優先しなければなりません。特に保育者には、子どもの保育と保護者支援という二重の役割があるために、保護者との関係悪化に対する懸念や罪悪感から通告をためらいがちです。しかし、たとえ愛情表現やしつけのつもりであっても、虐待は心身に有害な影響を与え、子どもの利益を損なう行為です。保育者の虐待の通告義務は、子どもの命を守るためのものであることを忘れないようにしましょう。

　先に見た事例の場合も、すぐに児童相談所や市町村等、当該自治体の虐待対応の専門機関に通告を入れなければなりません。虐待通告は、虐待の"疑い"の段階で連絡を入れることとされています。また、通告した場合には、通告者が誰であるかは秘匿されます。Aくんの事例でも、母親には保育所からの通告であることを秘密にしてもらうことができるのです。園からの通告であることが特定された場合には、保護者の不信を招き、関係が悪化することがあります。そのため、保護者が了解した状態で、保育所と専門機関の連携を進められるような工夫も大切です。

　たとえば、事例では、保護者が虐待を認識しており、自発的にそのことを保育者（園長）に打ち明けています。そのため、保護者自身が専門機関を利用できるよう促したり、保護者の力になりたいという姿勢で、園から専門機関に相談することを伝え、通告の同意を得たりする方法が考えられます。その際、保護者が「たらい回しにされた」「言いつけられる」などと感じることのないよ

う，保育者の専門性の範囲を上手に表現することや，保護者と共に問題解決にあたる姿勢をもつことが大切です。それでも，保護者のなかには，子どもを奪われるという不安や不信感等から，専門機関との接触を拒否する方もいるでしょう。そのため保護者にとって，専門機関を利用することにはどのようなメリットがあり，どのような支援が受けられるかを丁寧に説明し，保護者を適切な関係機関につなげていくことが大切です。

3 専門機関との連携

　子どもの虐待を発見し，関係機関への通告をしたら，そこで保育所等の役割が終了するわけではありません。子どもはそれまで通り登園してきますし，保護者との関わりも継続されます。通告後は，それまでの親子への支援に加えて，児童相談所や児童家庭相談室等，虐待対応の専門機関との連携が必要となります。保育所等が中心的に支援を行うのは，図12-6のうち1次予防（発生予防）から1.5次予防（集中的発生予防，早期発見，早期対応）の段階です。2次予防（早期発見，早期対応）以降の段階では，専門機関が中心となって対応にあたるものと考えられます。

　虐待は，子どもの命の危険があるために，専門機関はときに保護者の意に反する指導や強制的介入，親子分離等を行わなければなりません。そのため，保護者との信頼関係が必ずしも確立できるわけではなく，保護者との接触や子どもの状況把握に困難が生じやすくなります。それに対して，保育所等は日々の保育を通して子どもの状況把握が可能です。さらに，送迎時の保護者との関わりを通して，保護者の状態や親子関係も把握しやすい立場にあることから，虐待対応において非常に重要な役割を担っています。

　専門機関との連携は，保育所等と専門機関との個別的なやりとりだけでなく，必要に応じて要保護児童対策地域協議会[4]を開催し，福祉，医療，教育等の関係

---

*4　**要保護児童対策地域協議会**　関係機関が集まり，情報交換や支援内容に関する協議を行うための協議会であり，児童福祉，保健医療，教育，警察・司法などさまざまな分野の関係者によって構成される。

第12章　子ども虐待への対応

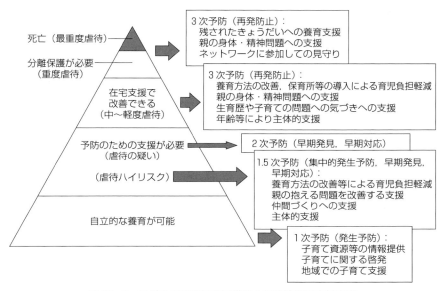

図12-6　子ども虐待支援の層構造と保健機関の支援内容
出所：津崎哲郎・橋本和明（編著）『最前線レポート　児童虐待はいま——連携システムの構築に向けて』ミネルヴァ書房，2008年，p.118。

者が集まって対応を協議します。たとえば，事例では，保育所の担任保育者や園長のほか，乳幼児健診時の状況を知っている保健師や，Aくんのきょうだいが通う小学校の教師などが出席者として想定されます。こうした協議会を通して，情報を共有し，保育所等が担うべき役割や支援の方向性について確認します。

さらに，日々の保育においては出席状況の把握や経過記録の作成等を行います。特に，虐待が疑われる怪我については，時間経過とともに癒えていくため，できるだけ園で写真記録をとるようにします。その際には，子どものおかれた状況や年齢発達等を考慮し，保育場面においてほかの子どもたちと一緒に撮影するなど，子どもに負担のないよう工夫します。また，こうした気になる怪我や頻繁な欠席など，子どもの状況に変化が見られたら，その都度関係機関に連絡を入れましょう。

③ 保護者への対応

1 | 保護者に対する個別支援とその範囲

　虐待の疑いのある保護者，あるいは虐待が明らかになっている保護者に対しては，日々の保育において，より丁寧な関わりが必要であり，保護者との話し合いの場を必要に応じて設けながら，個別的支援を行います。子どものよりよい育ちを願い，子どもの最善の利益を追求する保育者にとって，子どもを虐待する保護者は受け入れがたく，ときに怒りや嫌悪感をもつこともあるかもしれません。それでも，保護者支援を担う専門職として，保育者には虐待を行う保護者を「支援を求めている存在」として受けとめていくことが求められます。保護者は，保育者の否定的感情についてはとても敏感です。したがって，保育者は自分自身の価値観や保護者に対する否定的感情に自覚的であること，そして保護者に対する態度や言動に留意する必要があります。

　浅井（2008）は[5]，保護者との話し合いや送迎時の関わりにおいて留意すべきこととして，表12-2に示す6項目をあげています。

　子どもを虐待してしまう保護者には，しばしば他者への不信感が強く攻撃的で，気分の変化が大きいという特徴が見られます[6]。また，深刻な心理的問題が背景にあることも少なくありません。そのために，その対応にあたる保育者が疲弊してしまったり，心理的問題に巻き込まれたりすることもあります。保育所等は虐待対応の専門機関ではありませんし，保護者自身が抱える心理的問題の治療を行うこともできません。したがって，保護者の気持ちは受けとめながらも，自身の専門性の範囲と限界を十分に理解し対応にあたることが大切です。

＊5　奥山眞紀子・浅井春夫（編）『新版　保育者・教師のための子ども虐待防止マニュアル』ひとなる書房，2008年，p.77。
＊6　庄司順一『子ども虐待の理解と対応──子どもを虐待から守るために』フレーベル館，2007年，p.174。

表12-2　保護者との話し合い等において留意すべきこと

① 面接の理由をていねいに説明すること。
② けっして非難したり，叱責をしないこと。
③ 面接のたびに細かく聞き，継続的な援助を約束すること。
④ 今後の対応について説明し，解決の展望を提示すること。
⑤ 保護者からの質問や不安などには誠実に答えること。
⑥ 子育ての困難に共感し，親の努力を評価し，励まし続けること。

出所：奥山・浅井，2008年，p.77より作成。

　一方で，保育者には保育の専門性があり，これを活用した支援が期待されます。日々の保育を通して把握した子どもの育ちやその子の良さを，送迎時や連絡帳を通して，できる限り保護者に伝えたいものです。また，虐待をしている保護者は，周囲から孤立していたり，子育ての問題を指摘されたりすることが多いものです。身近な子育ての専門家として，保護者の思いを丁寧に受けとめ，小さなことでもその保護者なりの子どもを思う気持ちや子育ての意欲を認め，保護者のもっている力を引き出していくことも大切です。さらに，子どもへの具体的な関わり方を提示することも，保育者だからこそできる支援であるといえます。

2　保護者支援における園内連携

　虐待傾向のある保護者との関わりには，コミュニケーションや関係づくりの難しさなど，大きな精神的負担が伴います。特に，担任保育者には，子どもと保護者双方との関わりに困難が生じやすく，二重の負担が伴います。そのため，担任保育者が保育に専念できるよう，園長・主任を中心とした園全体でのバックアップ体制をつくることが大切です。また，保護者との関わりにおいては，園内で情報と対応方針を共有しておくことも大切です。

　「子どもの利益を守ること」を目的としたこのような情報共有は，虐待通告と同様に秘密保持義務の違反にはなりません。ただし，保護者から直接聞いていない話は，その保護者の前では「知らないこと」として対応する必要があります。たとえば，先の事例の場合では，母親は園長には自身の抱える問題を打

ち明けましたが，ほかの職員には話していません。それにもかかわらず，その情報を園内で共有した他の職員がその内容を知っていることがわかったとき，Aくんの母親はどのように感じるでしょうか。たとえそれが，母親を気遣う意味合いであったとしても，母親は園長が軽々しく自分の秘密をほかの職員に話したと感じ，不信感をもつことでしょう。そうなると，Aくんの母親と園長との信頼関係が崩れ，支援が困難となってしまうのです。

　虐待問題は，短期的に解決するものではなく，長期的・継続的な対応が必要です。その過程では，保護者を信じて裏切られたり言動に振り回されたり，改善が見られてもまた以前の状態に戻ったりと，熱心に対応しても状況の改善が見られないことも少なくありません。こうしたことを踏まえ，一人で問題を抱え込むことのないよう，園内で連携を図りながら対応にあたりましょう。

4 子どもへの対応

1│虐待の事実確認と留意事項

　虐待の疑いをもったときには，子ども自身にさまざまなことを確認する必要が生じます。その際に留意すべき事項について考えてみましょう。虐待を受けている子どもは，助けを求めたい気持ちがあっても，親を裏切るような罪悪感や虐待がエスカレートすることへの不安等から，虐待の事実を認めないことが多いものです。子どもから話をきく際には，これらのことを踏まえて，子どもがもっとも安心感と信頼感をもつ保育者から，また，保護者のいない安心感のもてる雰囲気のなかで尋ねるようにします。虐待の事実が語られたら，子どもの思いを受けとめることは大切ですが，保護者を非難することは避けましょう。どのような保護者であっても，子どもにとっては大切な親であるからです。

　子どもが話したがらない場合には，無理に問いただしたりせず，保育所等は子どもと保護者にとって安心して利用できる場となることを優先します。保護者が虐待を疑われていると感じると，警戒心や不信感から，保育所等に子ども

を通わせなくなる可能性が出てきます。そうなると，子どもの安全確認や状況把握が難しくなります。そのため，無理に虐待の事実を確認するのではなく，その判断は専門機関に委ねるようにしましょう。

2 子どもへの個別的対応

　虐待を受けた子どもは，感情のコントロールができずに衝動的で落ち着きがない，攻撃的である等，さまざまな行動上の問題を示します。事例のAくんも，落ち着きのなさと衝動性，攻撃性の高さが見られます。集団保育においては，こうした問題はクラス運営を難しくします。そのため，園全体でのバックアップ体制をつくることが必要です。

　虐待を受けている子どもには，虐待を誘発するような挑発的な態度や嘘，ごまかしなどがよく見られます。保育者は感情的に反応しないことはもちろん，子どもにはできるだけ個別に関わる時間をつくったり，スキンシップをとったりすることが大切です。問題行動に対しては，行動に表現される子どもなりの気持ちや言い分を受けとめたり，言葉や行動に表せない気持ちを丁寧に汲み取り代弁したりすることを心がけましょう。

> **本章のまとめ**
> 　子ども虐待への対応においては，問題を予防し深刻化させないための早期発見が重要です。また，実際の対応においては保育所等の役割の範囲と限界を踏まえ，専門機関との連携を大切にしましょう。

第13章
さまざまな家庭への支援

・・・

ポイント

1　離婚・再婚を経験した子どもとその家族について理解しよう。
2　異文化を背景とする子どもとその家族について理解しよう。
3　多様な家庭への支援方法を知ろう。

1　保護者の離婚

1　離婚がもたらす子どもへの影響

　日本における離婚件数は2002年をピークとして減少傾向にありますが，離婚の際には半数以上に未成年の子どもがいます。また，多くの場合，母親が子どもの親権を有します（図13-1）。

　両親の離婚は，子どもにどのような影響を与えるのでしょうか。まず，多くの場合，離婚に至る過程では両親の対立や争いが生じます。その状況のなかで，子どもはさまざまな不安感を抱いたり，ときには一方の親に敵意を感じたりすることがあります。両親の離婚にあたっては，離婚が自分のせいであるという罪悪感や，親から見捨てられたという怒りや不信感をもつこともあります。こうした感情は，子どもの自尊感情の低下や劣等感にもつながります。

　一方，それまで両親のけんかが絶えなかった場合には，離婚によってその恐怖感や葛藤が解消されるなど，離婚は子どもにとって肯定的な側面もあります。

　両親の離婚後は，子どもは親権をもつ親と共に暮らすこととなり，さまざま

＊1　**親権**　民法第820条に規定される未成年の子どもに対する親の権利や義務のこと。

第13章　さまざまな家庭への支援

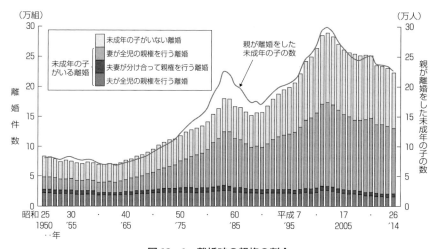

図13-1　離婚時の親権の割合

注：1）未成年の子とは，20歳未満の未婚の子をいう。
　　2）親権とは，未成年の子に対して有する身分上，財産上の監督，保護を内容とする権利，義務をいう。
出所：厚生労働省『平成28年　我が国の人口動態』2016年。

な変化を経験します。具体的には，姓の変更や非親権者となった実親との別れ，転居する場合には生活圏の変更とそれに伴う保育所や幼稚園，近隣住民との別れなどです。こうして，子どもは悲しみや不安を感じながら新たな生活への適応を求められることになります。しかしそれは，子どもだけではありません。親もまた同様に，離婚による喪失感や挫折感，先行きの不安感等を抱えながら，新たな生活に向かうのです。

2 ｜ 離婚後の別居親との面会交流

子どもにとっては，たとえ離婚により離れて暮らすことになっても，別居の親（非親権者）が実の親であることには変わりありません。現在では，子どもの権利としての非親権者との定期的な面会交流[*2]が重視されており，離婚届にもこのことに関する取り決めを記載する欄が設けられています。しかし，実際に

＊2　以前は「面接交渉」と呼ばれていた。

は設定された面会交流日以外に自由に会えないことや，両親の関係性や考え方によって子どもの思いが尊重されにくいなどの課題があります。特に，関係が悪化して離婚している場合には，子どもを非親権者に会わせたくないとの思いから，面会交流の継続が困難になることもあります。子ども自身が面会交流をどう考えているのか，その思いを丁寧に聞き取り，できる限りその意思を尊重することが大切です。

3 ｜ 離婚家庭への支援

　離婚は子どもにも保護者にも，さまざまな精神的負担と生活環境の変化をもたらします。これらに加えて，保護者には離婚のための各種手続きや離婚に関する周囲への説明等，やるべきことが集中します。そのため，心理的なゆとりを失い，子どもが抱える寂しさや先行きの不安を十分にくみ取れないこともあります。また，子どももそうした親の様子を敏感に感じ取り，親への遠慮から自分の気持ちを表現できないこともあります。

　保育者には，保護者のおかれた状況を理解し支えることとあわせて，子どもの思いを代弁したり保育所等での姿を伝えたりしながら，親子関係を支えていくことが望まれます。特に，子どもが乳幼児の場合には，「子どもには理解できないだろう」との考えから，離婚に関する十分な説明がなされないこともあります。そのような場合には，子どもが「なぜ自分が親と離れて暮らさなければならないのか」「なぜ保育所をやめなければならないのか」「自分がこれからどうなるのか」といった不安を保育者に表現することもあるでしょう。さらに，子どもは「自分が悪い子だから見捨てられた」「自分のせいで離婚した」などと自分を責めることもあります。

　子どもが離婚についてどのように理解するかは，その後の子どもの自己イメージや精神発達にも影響を及ぼします[*3]。子どもが安心して自分の感情を表現できるよう促し，丁寧に受けとめていくこと，その子なりに理解できるような言

　＊3　宮﨑昭夫『親の離婚と子ども――子どもを支える工夫を求めて』海鳥社，2014年。

葉で伝えていくことが大切です。特に，子どもが離婚の原因が自分にあると感じている場合には，離婚はあくまで親の問題であり，その子が悪いのではないことを伝えましょう。また，こうした子どもの姿を保護者と共有し，どのように子どもの混乱や不安を支えていくのかを，共に考えていくことも大切です。

最後に，離婚が成立するまでの別居期間中や，双方が納得して離婚に至っていない場合には，送迎時に子どもの連れ去りのリスクが生じることもあります。そのため，送迎時には家族の誰に子どもを引き渡すのか，事前によく確認をとるようにしましょう。

2 ひとり親家庭への支援

1 ひとり親家庭の現状

ひとり親家庭とは，子どもとその母親からなる母子家庭と，子どもとその父親からなる父子家庭の総称です。保育所には，就労しなければならないひとり親家庭が優先的に入所できる仕組みがあり，特に入所希望者の多い地域ではひとり親家庭が高い割合を占めています。

「平成23年度全国母子世帯等調査」によれば，母子世帯は約124万世帯，父子世帯は22万世帯にのぼり，そのほとんどが離婚によってひとり親となっています（表13-1）。ひとり親となったときの平均年齢は母子世帯が33.0歳，父子世帯が38.5歳，末子の平均年齢は4.7歳となっており，いずれもその年齢は低下傾向にあります。[*4]

2 ひとり親家庭の就労と子育て

ひとり親家庭のほとんどが就業していますが，その収入は母子世帯で181万円，父子世帯は360万円にとどまっています（表13-1）。日本のひとり親家庭

＊4　厚生労働省「平成23年度全国母子世帯等調査結果報告（平成23年11月1日現在）」2012年。

表 13-1 ひとり親家庭の状況

		母子世帯	父子世帯
1	全世帯（推計値）	123.8万世帯	22.3万世帯
2	ひとり親世帯になった理由	離婚 80.8% 死別 7.5%	離婚 74.3% 死別 16.8%
3	就業状況	80.6%	91.3%
	うち正規の職員・従業員	39.4%	67.2%
	うち自営業	2.6%	15.6%
	うちパート・アルバイト等	47.4%	8.0%
4	平均年間収入（母又は父自身の収入）	223万円	380万円
5	平均年間就労収入（母又は父自身の就労収入）	181万円	360万円
6	平均年間収入（同居親族を含む世帯全員の収入）	291万円	455万円

資料：厚生労働省「平成23年度全国母子世帯等調査」。
出所：厚生労働省「ひとり親家庭の支援について」2016年。

は54.6％が相対的貧困[*5]にあり、国際比較においても非常に高い水準です[*6]。とりわけ母子世帯の収入は一般世帯の4割にも満たず、経済的な困難があることがうかがえます[*7]。さらに、6歳未満の子どもをもつ母子世帯の母親は、共働き家庭に比べて労働時間が長く、育児時間が短いことも報告されています[*8]。ひとり親家庭では、子育てのために就業時間や職種、雇用形態が制限されたり、子どもと関わるための十分な時間が取れなかったりと、仕事と子育ての両立は容易ではありません。そのため、毎日の所持品の準備や連絡ノートへの返信等、「親として当然すべきこと」と保育者が思うことも、時間のないひとり親家庭の保護者にとっては難しい場合もあるのです。

---

*5 **相対的貧困** 可処分所得を低い順に並べ、その中央に位置する人の所得（中央値）の半分の額（貧困線）に満たないこと（平成25年調査では中央値244万円、貧困線122万円）。
*6 厚生労働省「平成25年国民生活基礎調査の概況」2014年。
*7 厚生労働省「ひとり親家庭の支援について」2016年。
*8 母子世帯では46分、共働きの母親は113分の育児時間となっており、母子世帯は共働き家庭の4割程度である。田宮遊子・四方理人「母子世帯の仕事と育児」『季刊社会保障研究』第43巻第3号、2007年、pp.219-231。

3 │ 保育者に求められる配慮

　ひとり親家庭の支援においては、保育者として、まずそれぞれの家庭の生活状況を理解することが大切です。子どものために親としての役割を果たしてもらうことが必要な場面もありますが、保護者ができることの範囲はそれぞれに異なります。特に生活の大半を過ごす保育所では、保護者は日々子どもの衣類や生活用品を準備することに加えて、その日の保育活動や行事に必要な物品の準備を求められることになります。とりわけ、保護者にとって負担が大きいものは、手提げ袋や行事の衣装、乳児用エプロン等の手作り品の準備です。各園の保育理念や方針を大切にしつつも、各家庭の生活の実情を踏まえた柔軟な対応が求められます。さらに、保護者にとって負担であると思われることについては、負担であっても子どものために保護者にお願いしたい事柄であるのか、園側の配慮によって解消できる事柄であるのか、保育のあり方を問い直してみることも大切です。

　運動会や親子遠足など、親子で参加する行事においても、ひとり親家庭の保護者はさまざまな負担を感じます。また、子どもも一般家庭との比較から、自身の家庭に否定的感情を抱くこともあります。そのため、親子参加による行事においては、ひとり親家庭の保護者や子どもが周囲の目を気にして負担感を感じたり、偏見に傷ついたりすることのないような配慮が求められます。

　親子参加の行事だけでなく、日常の保育活動においてもひとり親家庭への配慮を考えておく必要があります。たとえば、父の日や母の日に向けた保育活動では、ひとり親家庭の子どもにはどのような配慮が求められるでしょうか。こうした負担を避けるために、母の日や父の日の活動を行わないという園もあります。しかし、子どもの思いや保護者の思いを聴きながら、別居の親への作品をつくり、普段は離れて暮らす親との面会交流につなげることや、親代わりとなってくれている祖父母への感謝を伝える機会とすることもできるでしょう。子どもや保護者の気持ちを丁寧にくみ取りながら、親子関係をつなぐ支援の機会として、こうした活動を捉えていくことが大切です。

③ ステップファミリーへの支援

1 ステップファミリーとは

「ステップファミリー（stepfamily）」とは，再婚によって血縁関係のない親子関係（継親子関係）を含む家族であり[*9]，母親，父親あるいはその両方に，それ以前の配偶者との間にできた子どもがいる家族です。再婚によってできた親子関係を「継親子関係」，その親を「継親」あるいは「継母（けいぼ／ままはは）」「継父（けいふ／ままちち）」，子どもを「継子（けいし／ままこ）」と呼びます。ステップファミリーには，さまざまなタイプがあります。たとえば，妻に連れ子がおり継父子関係がある家族，夫に連れ子がおり継母子関係がある家族，両方に連れ子がおり継父子関係・継母子関係がある家族，さらに再婚夫婦の間に新たに生まれた子どもがいる家族などです。また，再婚時の状況も多様であり，夫と妻がともに再婚である場合もあれば，どちらか一方が初婚である場合もあります（図13-2）。

2 ステップファミリーの家族関係と継親子関係の難しさ

ステップファミリーには，再婚による新たな夫婦関係よりも，血縁関係のある親子関係のほうが歴史が長いという特徴があります。通常の家族形成の過程では，結婚によりまず夫婦関係が形成され，次に生まれてきた子どもとの親子関係が形成されることになります。しかし，ステップファミリーの場合には結婚以前に実子との親子関係があり，その後，結婚により夫婦関係，さらにはパートナーの連れ子である継子との継親子関係を同時に構築していくことになります。夫婦ともに連れ子がいる場合には，子どもにも新たな継きょうだい関係が生まれます。ほかにも，別居の実親の祖父母との関係や，継親の祖父母との関係など，ステップファミリーの家族関係は大変複雑です。

[*9] 野沢慎司・茨木尚子・早野俊明・SAJ（編著）『Q&A ステップファミリーの基礎知識――子連れ再婚家族と支援者のために』明石書店，2006年，p.18。

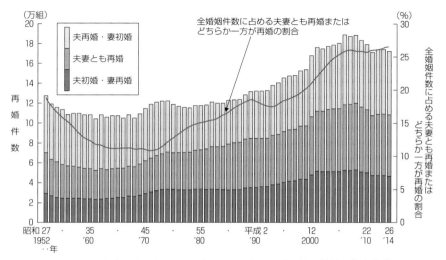

図13-2　夫妻とも再婚またはどちらか一方が再婚の婚姻件数の年次推移
出所：厚生労働省『平成28年　我が国の人口動態』2016年。

　このような家族関係において，特に継親子関係の構築にはさまざまな困難が伴います。ステップファミリーの子どもには，同居する実親と継親の他に，離れて暮らすもう一人の実親がおり，面会交流を続けていることも少なくありません。また，実親と死別した場合であっても，子どもにはその記憶が残っています。同居の実親との関係においても，子どもは再婚相手に親を取られたように感じることもあります。そのためステップファミリーの子どもたちは，継親の存在に抵抗を感じたり，受け入れられない気持ちになったりすることが少なくありません。

　このような継親子関係の難しさは，母親に養育責任があるという考え方が強い日本においては，特に継母に大きな負担をもたらします。とりわけ，子育て経験のないままに母親役割を担う初婚の継母の場合，非常に強いストレスを抱えていることが指摘されています[*10]。ステップファミリーの母親は，継子との関

　＊10　同前書，p.116。

係構築の困難感に加えて，社会的な母親役割期待による重圧を背負っているのです。

3 │ 喪失と変化の経験

　ステップファミリーの子どもたちは，親の再婚以前に離婚や死別によるもう一人の親との別れ，転居による友人・知人との別れ，生活圏の変更など，さまざまな喪失と変化を経験しています。再婚はこうした経験に加え，子どもたちにさらなる生活環境の変化をもたらします。

　たとえば，保育所に通う子どもを育てながら祖父母と同居していたひとり親家庭の母親が，連れ子のいるパートナーと再婚することになった場合に，子どもにどのような変化が生じるのかを考えてみましょう。まず，転居する場合には，同居していた祖父母との別れや，それまで慣れ親しんだ保育所の先生や友達との別れを経験します。さらに，新たな家族として継父とその連れ子である継きょうだいが加わり，新たな場所での共同生活が始まります。そこには2つの家族がそれぞれに身につけてきた生活習慣や家族のルールがあり，食事や入浴の仕方，場や物の使い方など，さまざまな違いが生じます。そのため，子どもはそれまでの生活習慣を変更するなど，新たな生活への適応を求められます。このように，再婚により子どもが経験する変化とは，生活圏や家族メンバーの変更だけでなく，日常生活の細部にまでわたります。

4 │ 保育者に求められるステップファミリーへの支援

　ステップファミリーには，これまで見てきたような複雑な家族関係や生活状況があり，周囲のサポートを必要とする場面が少なくありません。しかし，ステップファミリーはひとり親家庭とは異なり，両親がそろっているために，一見すると初婚家族と変わりがなく，周囲からは気づかれにくい存在です。そのため，本人からの申し出がない限り，支援や配慮を得にくいという特徴があります。また，行政サービスや医療機関等における対応も，初婚家族を想定したものであり，一つひとつの事柄に対して家族状況を説明し理解を得る必要性が

第13章　さまざまな家庭への支援

生じます。さらに，こうした経験を共有できる存在も見つかりにくいために，ステップファミリーの子育ては容易ではありません。

　このようななかで，ステップファミリーの母親たちは，懸命に「普通の家族」になろうと努力します。しかし，ステップファミリーは初婚家族とは家族関係やその形成過程が大きく異なるため，普通の家族のようにはいかないことが多くあります。保育者には，ステップファミリーの複雑な家庭状況や親子関係について理解を深め，一方的に「普通の家族らしさ」を求めるのではなく，その家族なりのあり方を受けとめ支えていく姿勢が求められます。

　先に述べた通り，保護者にとって継子との親子関係の構築にはさまざまな困難が伴います。特に，養育責任を負う継母にとっては，親として実子と継子に平等に対応することの難しさがありますし，初婚の場合には子育て経験のないままに子どもの中途養育を引き受ける難しさがあります。継子との関係は，その実親である夫との夫婦関係や，連れ子である実子との親子関係にも影響を与えます。そのため，ステップファミリーの親子関係の難しさは，ときに子どもへの虐待へと発展することもあります。その場合には，警察が関与するような重度の虐待となりやすいため[*11]，保育者には親子関係を把握しその安定化に向けた支援が求められます。

　最後に，ステップファミリーの子どもたちは，複雑な家族関係やさまざまな生活環境の変化のなかで，混乱や寂しさ，葛藤を抱えていることも少なくありません。保育においては，子どもの姿を家庭と共有しつつ，情緒の安定を図ること，子どもが自己を発揮できるような工夫が求められます。

＊11　津崎哲郎『里親家庭・ステップファミリー・施設で暮らす　子どもの回復・自立へのアプローチ——中途養育への支援の基本と子どもの理解』明石書店，2015年，pp. 81-82。

4　異文化を背景とする家庭

1 | 異文化を背景とする家庭とは

　保育所等には，日本語を使用し日本文化のなかで生まれ育つ子どもだけでなく，異文化を背景とする子どもも在籍しています。ここでいう「異文化を背景とする」とは，外国籍であるということだけでなく，国籍は日本であっても両親が外国出身である場合や，外国で育った帰国子女などを含みます。

　保育所や幼稚園等に在籍する異文化を背景とする子どもの国籍は，中国がもっとも多く，次にフィリピン，さらにブラジルと韓国が同率となっており，アジア諸国と南米が多くを占めています[*12]。また，全体の約半数が家庭で日本語以外の言語を使用しており，中国語，ポルトガル語，英語，韓国語などが使用言語の上位にあがっています（表13-2）。

2 | 日常生活上のさまざまな困難

　保育所等に在籍する異文化を背景とする保護者のうち，日本語でコミュニケーションができるのは4割程度であり，約半数は日本語でのコミュニケーションに困難を抱えています[*13]。一方で，日本語でのコミュニケーションが可能な場合であっても，必ずしも不自由がないとはいえません。なぜなら，生活情報の多くは文字情報であり，漢字，ひらがな，カタカナが混在する日本語の文字情報を読み取ることは，日常会話よりもはるかに難しいからです。つまり，異文化を背景とする家庭にとって，日本語でのコミュニケーションが可能であっても，読み書きには困難がある場合が少なくないのです。保育所等においては，連絡ノートやおたより，掲示板など，さまざまな文字情報による伝達が行われていますが，異文化を背景とする家庭が在籍する場合には，配慮が必要です。

＊12　多文化子育てネットワーク「第2回多文化子育て調査報告書」2012年，p.4。
＊13　同上。

異文化を背景とする家庭にとっては，出身国と日本では，食事，慣習，衣服等，あらゆる面で価値観も生活様式も異なります。こうした違いは，異文化を背景とする家庭にとって，さまざまな困難をもたらします。それは子育てにおいても同様であり，私たちが園生活において当たり前に行っているスキンシップ，オムツの使用方法や使用期間，食事内容やマナー，衣服の調整等，多岐にわたります。たとえば，子どもの頭に触れることがタブーとされる地域では，子どもの頭を撫でることは大問題となりますし，水が大変貴重な国では毎日衣類を洗濯したり入浴したりする習慣はありません。ほかにも，男女の性差に対する考え方や，数字やジェスチャーの意味の違いなど，日本に暮らす私たちにとって当たり前のことが，異文化を背景とする家庭にとっては，混乱や困難をもたらすことがあるのです。

表13-2　家庭での使用言語(%)

1	日本語	56.6
2	中国語	24.7
3	ポルトガル語	8.2
	英語	8.2
4	韓国語	6.8
5	タガログ語	4.9
6	スペイン語	3.8
7	ベトナム語	0.9
8	アラビア語	0.7
9	バングラデシュ語	0.6
	タイ語	0.6

出所：多文化子育てネットワーク「第2回多文化子育て調査報告書」2012年。

3 多文化に育つ子どもとその家庭への支援[*14]

　異文化を背景とする子どもの保育においては，これまで見てきたような日本語使用の問題や文化の違いを踏まえた対応が求められます。その際，保育者としては一日も早く日本の生活に慣れてほしいとの願いから，子どもに日本への同化を求めたくなることでしょう。しかし，子どもは必ずしも日本に定住するわけではありません。外国籍の保護者が，「母語の教育や文化を学ばせること」を子育て上の一番の心配事としてあげているように[*15]，いずれ母国に帰る場合には，保護者の母語や文化の獲得が非常に重要な問題となるのです。子どもは

＊14　「多文化」とは国際化や異文化のように自文化対異文化という捉え方ではなく，この境界線を弱めるボーダレスのニュアンスを含む言葉である。

＊15　多文化子育てネットワーク，前掲，p.4。

日々の園生活を通して，生活習慣，慣習，礼儀作法や価値観等，日本の文化を取り込み，日本語の習得も大人よりもスムーズに進みます。しかし，こうした日本文化への適応過程*16において，子どもが母語を維持できずに親子のコミュニケーションが難しくなったり，親のもつ文化に否定的になったりと，親子関係が悪化することもあります。

　このように，保育所等においては現在の子どもの育ちを支えるとともに，その家庭の将来的な見通しも踏まえた対応が必要となります。そして，複数の文化のなかで育つ子どもに対しては，園生活における母国と日本との文化の調整，さらには周囲の子どもや家庭との関係調整が求められます。また保護者には，日本の文化を獲得していく子どもとのコミュニケーションや親子関係を支えていくことが求められます。

　異文化を背景とする保護者との関わりにおいては，園の方針と保護者の意向が衝突することもあるでしょう。しかし，保護者が異なる文化のなかで異なる価値観を有することはごく当然のことであり，園のルールを守ってもらうことだけに注力するのではなく，その家庭の文化的背景を理解し尊重する姿勢をもちながら，共に子どもの育ちを支えていく関係をつくっていくことが大切です。

本章のまとめ

　本章では多様な家庭について学んできました。子どもの育ちを支える保育者には，外からは見えにくい家族関係の複雑さや生活上の困難を当事者の視点から理解し，支えていくことが求められます。

＊16　「適応（adjustment）」には，当事者が母国の文化を捨て，滞在国の価値観や習慣を受け入れることで解決されるとするニュアンスを含むとの批判から，「文化的調整（cultural accommodation）」という概念がより適切であるとの指摘もある（萩原元昭『多文化保育論』学文社，2008年，p.42）。

第 14 章

諸外国における子育て支援

● ● ●

> ポイント
> 1 諸外国との比較を通して，日本における子育て支援の特徴や課題を理解しよう。
> 2 諸外国の子育て支援の取り組みを知り，どのような工夫がなされているか，そこから何を学べるかを考えてみよう。
> 3 国や自治体，諸関連団体として，あるいは個人として，日本における子育て支援をより良くするために何ができるかを考えてみよう。

　子育て支援は，世界各国でもっとも重要な課題の一つとして取り組まれています。本章では，子どもの育ちに関わる環境や支援に焦点をあて，諸外国と日本の比較を通して，日本の子育て環境やその支援について考えていきます。まず，諸外国と日本の子育ての状況や支援について，国際比較データを見ていきます。さらに，実際に諸外国で行われている子育て支援の取り組みをいくつか紹介します。それらを通して，日本の子育て環境や支援への示唆，そして今後の可能性について考えていきましょう。

1　子育て支援の国際比較

　子育て支援のあり方は，国によって，政治や経済，文化的価値などのさまざまな社会文化的な要因によって異なります。すなわち，それぞれの国や文化で何を目的として子育て支援を行うかによって，支援の具体的な内容や関連する制度のあり方が異なります。本節では，国内の白書や OECD（経済協力開発機構），国連，ユニセフなどで公表されている国際比較データを見ながら，諸外国でなされている支援やそのなかでの日本の特徴について見ていきます。

1 少子高齢化がもっとも進んでいる日本の現状

　日本は，子どもの人数が減少し，高齢者の人数が増加する少子高齢社会です。国立社会保障・人口問題研究所の推計によれば，年少人口（0～14歳）の割合は減少を続け2025年には11％を切る一方，老年人口（65歳以上）の割合は増加を続け2035年には33.4％と3人に1人を上回る見込みです。国連の公表データによると，2015年時点で高齢化がもっとも進んでいる10か国のうち，日本は国民の年齢（中央値）がもっとも高い46.5歳でトップの国となっています。このような状況のなか，2014年の厚生労働省発表の人口動態統計によると，日本の合計特殊出生率は1.42で9年ぶりに低下し，女性が第一子を出産する平均年齢は30.6歳と晩産化が進んでいます。少子化の解消が喫緊の課題となっています。

　主要諸国の合計特殊出生率の動向（図14-1）を見てみましょう。欧米諸国と日本との比較となっていますが，昨今の合計特殊出生率では，2.00程度のスウェーデン・アメリカ・フランス・イギリスと，1.50に満たないドイツ・イタリア・日本という現状が示されています。日本の場合，人口置換水準が2.07ですので，このままの合計特殊出生率では人口を維持していけないという問題に直面しているのです。

　このように晩産化・少子化が進むなかで，社会として子どもを生み育てる環境を改善し支援する必要性が増しています。そのために必要な支援の一つが，子育て家庭への公的支援，それらを支える財政的支援です。限られた予算のなかで，子どもや子育てへの公的支援をいかに充実させられるかということが現実の課題として模索されてきました。

＊1　国立社会保障・人口問題研究所「日本の将来推計人口（平成24年1月推計）――平成23（2011）年～平成72（2060）年」2012年。
＊2　United Nations (2015). *World Population Prospects: The 2015 Revision*.
＊3　内閣府『少子化社会対策白書（平成27年版）』日経印刷，2015年，p.23。
＊4　**人口置換水準**　人口を維持するのに必要な水準で，2.07という数値は2012年に国立社会保障・人口問題研究所が発表した数値である。

第14章　諸外国における子育て支援

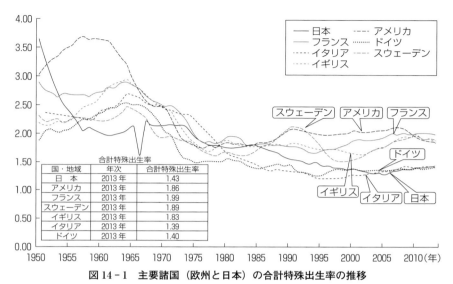

図14-1　主要諸国（欧州と日本）の合計特殊出生率の推移

資料：ヨーロッパは，1959年までUnited Nations "Demographic Yearbook"等，1960年以降はOECD Family database（2013年2月更新版）による。ただし，2013年は各国の政府統計機関等。アメリカは，1959年までUnited Nations "Demographic Yearbook"，1960年以降はOECD Family database（2013年2月更新版）による。ただし，2013年は "National Vital Statistics Report"。日本は厚生労働省「人口動態統計」。
出所：内閣府『少子化社会対策白書（平成27年版）』日経印刷，2015年，p.23．

2 ｜ 子どもに対する公的支出の比較

　諸外国や日本では，子どもや子育て家庭への支援として，どのような財政的支援がなされているでしょうか。図14-2は，各国のGDP（国内総生産）における家族関係社会支出の比率を示した図です。家族関係社会支出とは，社会保障関係支出のうち，特に子育て支援として行われる現金給付（家族手当，産前休業・育児休業給付，出産一時金等の給付）と現物給付（就学前教育・保育等の給付）を合わせた支出のことをいいます。図では，GDPにおける家族関係社会支出全体の比率は，イギリスが3.78％，スウェーデンが3.46％と続いており，日本は1.36％となっています。内訳を見ると，日本では，家族関係社会支出の半分程度が家族手当（現金給付）にあてられ，就学前教育・保育（現物給付）にも3分の1程度があてられています。韓国のように家族関係社会支出の大半

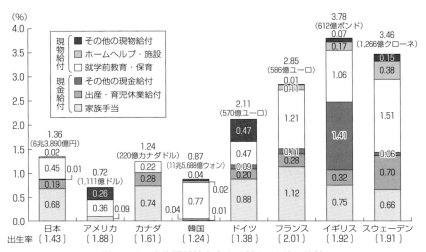

図14-2　家族関係社会支出の対GDP比の比較

資料：OECD Social Expenditure Database　2015年2月取得データより作成。
　　　出生率については，2012年（ただし，日本は2013年。カナダおよび韓国は2011年）の数値（日本は「人口動態統計」，諸外国は各国政府統計機関による）。
出所：内閣府ウェブサイト（http://www8.cao.go.jp/shoushi/shoushika/data/gdp.html：2016年4月10日閲覧）より。

を就学前教育・保育（現物給付）にあてている国もあります。

　現金給付は経済的困窮に対して所得を保障するものであるのに対し，現物給付はケアの担い手の不在やケアすることによる就業機会の損失を補い，ケアを社会化するものです。このように考えると，それぞれの国で子育て支援をどのように捉え，どこに比重を置いているかが異なるということがわかるでしょう。

　子どもが生まれてからの公的支出は具体的にどのようになっているのでしょうか。図14-3は，子ども1人に対する社会支出が，どの時期にどれくらい支出されているかを示しています。図によると日本の場合，6～11歳と12～17歳の時期にそれぞれ40％ほどが支出され，0～5歳の乳幼児期に対する支出は全体の20％に届きません。一方，アイスランドやハンガリーでは，0～5歳への社会支出がもっとも大きくなっています。

　また，この図では右側に表示されている国々のなかにも，ここ数年内に乳幼児期への投資を増やすことを決めた国もあります。近年，乳幼児期への投資の

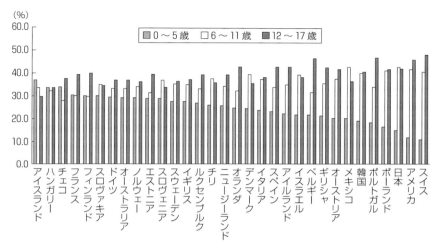

図14-3 子どもの年齢区分ごとの公的社会支出（2009）：子ども1人あたりの総支出における比率

出所：OECD (2012). *Social Expenditure Database*. およびOECD (2012). *Education Database*. より作成。

重要性が世界的にも認識されています。日本でも，乳幼児期への投資ということを改めて考えていく必要があります。

ここまでは，広く子育て家庭への公的支援について見てきました。以降では，そのなかでも特に，日本でも喫緊の課題であり，さまざまな議論がされている育児休業制度と保育環境の整備問題について取り上げて見ていきましょう。

3 多様化する子育て家庭支援の比較——育児休業制度

現代的な課題の一つとして，多様化する家族のあり方に応じた子育て支援があります。共働き家庭の増加，ひとり親家庭の増加など，時代の変化とともに家族の機能や家族構成員の役割が変化しています。また，家庭の貧困，子どもの貧困の問題の関心も高まってきました。このような状況のなかで，子どもの育ちの保障と保護者の子育て・仕事の両立支援が，重要な課題となっています。

子どもを生み育てながら仕事を継続していくための支援として，産前・産後休業，育児休業の制度があります。厚生労働省が行った「平成26年度雇用均等

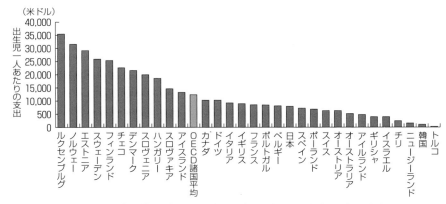

図 14-4 育児休業（母親・父親含む）に対する社会支出（2011年）

資料：OECD (2014). *Social Expenditure Database*. および OECD (2015) Health Statistics.
出所：OECD (2015). OECD Family database （http://www.oecd.org/els/soc/PF2_1_Parental_leave_systems.pdf）より作成。

基本調査（事業所調査）」によると、育児休業取得率は、女性が86.6％、男性が2.3％となっています[*5]。男女ともに10年前、5年前と比べれば増加していますが、男性は女性よりも圧倒的に低いというのが現状です。

　育児休業に対する社会支出はどのようになっているでしょうか。OECD諸国の育児休業（母親・父親含む）に対する社会支出を比較したのが、図14-4です。日本はOECD諸国の平均よりも育児休業に対する社会支出が少ないことがわかります。一方、図の左側にあるノルウェー、スウェーデン、フィンランド等の北欧諸国では、育児休業に対する社会支出が多いことがわかります。

　それらの国々では消費税率を高く設定しているなど、社会保障を充実させるための財源確保を行っているといった背景があります。また、労働環境（労働時間や勤務形態等の働き方）や、その根底にある母親の子育て・仕事の両立、父親の子育てに対する考え方も影響しているでしょう。

　日本では、育児休業制度が整備されていても、特に男性は育児休業を取得し

＊5　2012年10月1日から2013年9月30日までの1年間に在職中に出産した女性（もしくはそうした配偶者のいる男性）のうち、2014年10月1日までに育児休業を開始した者（育児休業の申出をしている者を含む）の割合。

にくいという雰囲気がまだ根強くあります。OECDが2011年に刊行した報告書 "Doing Better for Families" に基づく日本への勧告[*6]においては，「職場は男性の育児休暇取得支援や労働時間短縮を通して男性の育児・家事への参加を勧めるべきである」と指摘されています。育児休業制度の整備だけでなく，労働環境の改善や多様な働き方を認める社会のあり方，その背景にある価値観などの検討が必要です。

4 | 多様化する子育て家庭支援の比較 ── 保育環境の整備

　子育てと仕事の両立支援のためには，子どもの保育環境の整備が必要です。子どもを育てながら働き続けるためには，子どもが安心して楽しく過ごすことのできる，十分な量と質の保育施設が必要です。図14-5は，3歳未満児を育てている母親の就労率と，3歳未満児の認可保育施設への就園率を，国ごとに左右に並べたものです。この図でデンマークのように左右のバランスが取れていれば，3歳未満児の働く母親（共働き家庭もひとり親家庭も含む）が必要な認可保育施設が十分であるということを意味します（父親のみのひとり親家庭もありますが，この図では母親に焦点があてられています）。この図を見ますと，デンマークやスウェーデンは，3歳未満児の母親の就労率，子どもの認可保育施設への就園率がともに高い国です。図の中ほどにくると，母親の就労率は比較的高いものの，認可保育施設への就園率が低い国々があげられています。

　日本はどうでしょうか。厚生労働省の統計によると，2015年4月時点の3歳未満児の保育所就園率は28.8%[*7]となっています。日本は乳児保育が充実しているといわれます。たしかに図14-5を見ると，この値は比較的高い方であるといえます。しかし，待機児童という観点から見ると，2015年4月時点で3歳未満児1万9,902人，3歳以上児も含めると全体で2万3,167人と報告されています[*8]。また，待機児童の算出方法のあいまいさもあり，実際にはこの数字よりも

＊6　OECD (2011). *Doing Better for Families Japan*.
＊7　厚生労働省「保育所等関連状況取りまとめ（平成27年4月1日）」2015年。
＊8　同上。

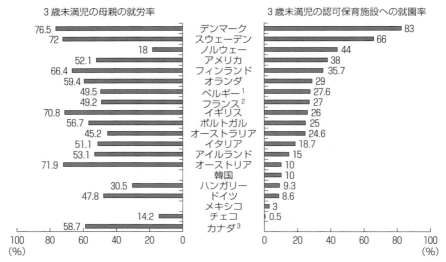

図14-5 3歳未満児の母親の就労率(左)と,3歳未満児の認可保育施設への就園率(右)

注:1)ベルギーの乳児学校(infant school)は,2.5歳から(就園率は約90%)。ベルギー(フランダース地方)の認可保育施設への就園率は34.2%。
2)フランスの乳児学校(infant school)は,2歳から。2歳から3歳の間に,35%の子どもが入園する。
3)カナダの場合,0歳から5歳までの就園率は24%。0歳から3歳までの就園率は公表されていない。
出所:OECD (2006). Starting Strong II. Figure4.2を筆者訳。

はるかに多くの待機児童がいるといわれています。実際に,子どもが保育所に入ることができなかったために,継続したかった仕事を辞めざるを得ない人も多くいます。乳幼児の保護者(特に母親)の子育て・仕事の両立支援という点では,大きな課題が残されています。

一方,量だけでなく,質の保障された保育所の整備は,貧困問題への対策としても有用です。図14-6はユニセフが2012年に公表した35の先進諸国の子どもの相対的貧困率を示した図です。世帯収入のうち可処分所得(自由に使える収入のこと)が,貧困線(国民の可処分所得の中央値の50%)を下回る家庭の子どもの比率を示しています。この図を見ますと,日本の子どもの相対的貧困率(貧困線に満たない世帯員の割合)は14.9%と,先進諸国のなかでは高い方であることがわかります。[*9]

厚生労働省発表のデータによると,2012年の相対的貧困率は16.1%です。[*10]と

第14章　諸外国における子育て支援

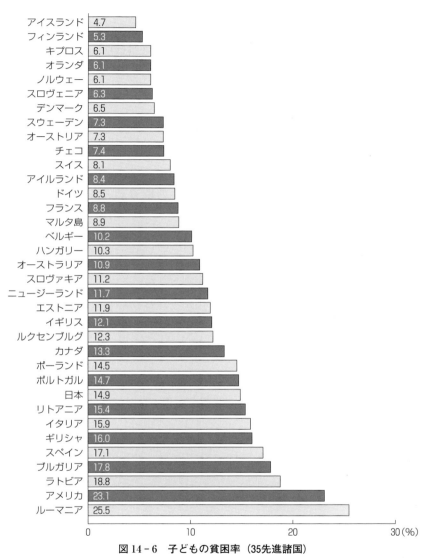

図 14-6　子どもの貧困率（35先進諸国）

注：データは，0歳から17歳の子どもを対象。数値は，Eurostat (2009). *EU-SILC (European Union Statistics on Income and Living Conditions) 2009*. に基づく。

出所：UNICEF (2012). *Measuring Child Poverty: New League Tables of Child poverty in the World's Rich Countries*. より作成。

りわけ子どもの相対的貧困率は16.3％と過去最悪となっています。

このように家庭の貧困，子どもの貧困の問題が深刻化しているなか，貧困層の子どもたちにとって保育の役割はきわめて大きいものです。近年の調査や研究結果からも，経済的に恵まれない層の子どもたちは，質の高い保育を受けることによって生涯にわたって良い影響を受けることが示されています[*11]。このことからも，十分な量の，質の良い保育環境の整備が喫緊の課題であり，そのためにも保育への公的投資が求められているのです。

2 諸外国の子育て支援の取り組み

「子育て支援」は，子ども自身の育ちの支援，子どもを育てる保護者の支援，家族全体としての支援など，さまざまなレベルの支援が複合したものです。そのなかで，どのような価値をもち何に重点をおくかによって，その取り組みの実際は異なります。以下では，①妊娠・出産・育児と切れ目のない子育て支援（フィンランド），②家族の多様性を尊重する子育て支援（スウェーデン），③子育てや介護を含む，あらゆる人々への包括的な支援（ドイツ）について，紹介します。

1 妊娠・出産・育児と切れ目のない子育て支援：フィンランド

フィンランドには，妊娠，出産から子どもが６歳になるまで，切れ目なく家族を支援し続けるシステムがあります。日本では，妊娠がわかると自治体へ母子健康手帳をもらいに行き，病院で妊婦健康診査（以下，妊婦健診）を受け，

---

*9　相対的貧困については，本書第13章脚注＊5も参照。
*10　厚生労働省「平成25年国民生活基礎調査」2014年。
*11　ジェームズ・J・ヘックマン，大竹文雄（解説），古草秀子（訳）『幼児教育の経済学』東洋経済新報社，2015年や，EPPSE 調査報告書（Sylva, K., Melhuish, E. C., Sammons, P., Siraj, I. and Taggart, B. (2012). Effective Pre-school, Primary and Secondary Education 3-14 Project (EPPSE 3-14) - Final Report from the Key Stage 3 Phase: Influences on Students' Development from age 11-14. Department for Education Research Report 202.）等。

市町村保健センター等で母親学級に参加し、子どもが生まれると小児科へ行き……と複数の専門機関へ通う必要があります。

　フィンランドでは、すべての自治体に「ネウボラ（neuvola）」という子育て支援を行う施設があります。ネウボラは1920年代に、小児科医や看護師、助産師らの有志によって始められ、1944年に国によって制度化され、100年近くフィンランドの子育て家庭を支援してきました。

　ネウボラでは、妊娠判明時から、保健師、助産師などの専門家による支援が行われます。母親と子どもを中心としながら、父親やきょうだいも含め家族全体を支援の対象とします。出産は病院で行われますが、それ以外の無料の妊婦健診や乳児健診、歯科健診などはネウボラで行います。同じ保健師が担当となり、個別面談を行うため、信頼関係のもとで支援がなされます。必要であれば医療機関や児童施設、自治体担当者などの他の機関を紹介しますが、その際には必要な情報共有がなされるため、継続的な支援が可能となるのです。ネウボラには、育児中の親子にとっての居場所として乳幼児が遊べる場もあり、日本の子育て支援センターのような役割も担っています。

　このように妊娠から出産、育児まで、一つの子育て支援機関が責任をもって支援をしてくれることは、母親を中心とする家族にとって、とても安心できるものです。特に初めての妊娠・出産・育児を経験する母親にとって、小さな悩みも相談でき、継続的に見守ってもらえ、他の親子とも出会うことのできるネウボラという場は、孤独感をやわらげてくれることでしょう。そして、家族の精神的な安定が、子育てにも良い影響をもたらすものと考えられます。

2 │ 家族の多様性を尊重する子育て支援：スウェーデン

　スウェーデンは、先進的な社会保障制度で知られている国です。50年近く前から、男女平等の視点に立ち、家庭と仕事の両立支援に取り組んできました。また、子どもの権利の視点から、公的保育を公教育の一環と位置づけ、社会全体で子どもを育てるという考え方が広がっています。このことは、経済的に恵まれない家庭の子どもにも、公平な機会を提供することにつながっています。

安心して仕事をしながら子どもを育てることができ，子育て家庭にとって暮らしやすい国であるといえるでしょう。先に示した図14-1のスウェーデンの合計特殊出生率を見ても，高い水準であることがわかります。現在，日本でも取り組まれつつある「ワーク・ライフ・バランス」の実現を考える上で，スウェーデンの事例は参考になることが多いと考えられます。

スウェーデンでは，男女それぞれが経済的に自立し，協働して家庭生活を営むことを目指して，家族政策，労働市場政策，男女平等政策などの社会政策を展開してきました。ただし，はじめからそうだったわけではありません。以前は当時の日本と同様，「父親は仕事，母親は家事・育児」という性別役割分担意識が根強く，働く母親に対して厳しい目が向けられていたそうです。しかし，1970年代の保育所づくり運動のなかで，そうした意識は薄らぎ，共働きの子育て家庭に対する意識が大きく変化していきました。この「共働き型家族政策モデル（Dual Earner Family Policy Model）」は，具体的にどのようにして実現されているのでしょう。ここでは特に，労働市場政策の充実に着目したいと思います。

スウェーデンでは育児休業制度を「両親休業法」といい，育児休業手当の受給権が父親と母親の双方に割り当てられています。受給権の日数は全480日で，夫婦間で譲渡することができますが，そのうち各60日間は配偶者に譲渡できない日数として定められています。すなわち，最大限育児休業を活用すると，母親だけでなく父親も子どもとゆっくり過ごせる時間が少なくとも2か月間は保障されるのです。さらに，父親と母親の育児休業期間が半分ずつ（すなわち平等）であるほど，税額控除のボーナスが増えるため，父親の育児休業取得の動機づけとなっています。

このように，母親だけでなく父親の育休取得のインセンティブも働くように，制度が設計されているのです。また，子どもが大きくなってからも，スウェーデンの職場では，法定労働時間を超えて働くことを良しとせずに，通常の勤務時間内で仕事を終えることに価値をおく風潮があるそうです。そのため，7歳未満の子どものいる就労者の週あたりの平均残業時間を調べたところ，男女と

もに2時間にも及ばないという報告もあります。加えて，フレックスタイム制度が導入され，60％以上の就労者がフレックスタイム制度を適用するなど，ライフスタイルに合わせた働き方が可能となっています。

　このようにスウェーデンでは，労働政策を充実させることで，男女ともに子育てをしながら働き続けることができ，子どもと一緒に過ごす時間を十分に確保することができるようになっています。日本とは職業観や子育て観の違い，労働環境等のさまざまな違いがありますので，ただ単に同じシステムを取り入れるということは難しいでしょう。しかし，スウェーデンの事例から学ぶことは多くあるのではないでしょうか。

3 子育てや介護を含む，あらゆる人々への包括的な支援：ドイツ

　ドイツは，「子どもが小さいうちは，母親が家庭で子どもの面倒を見るべき」という価値観の根強い国でした。しかし，2000年代に家族政策は大きく変わり「ドイツを家族に優しい社会へと変える」ことを目指し，「共働きを前提に子育て家庭を支援する」方向へと舵をきりました。父親・母親共に家庭（子育て）と仕事を両立できるように，「持続可能な家族政策」を構成する3つの政策として，①経済支援，②地域におけるインフラ整備，③時間政策を軸に進められることになりました。ここでは，特に③の家族のより良い時間の創出を目的とした「時間政策」のうち，包括的な子育て支援の例として「家族のための地域同盟」と「多世代の家プロジェクト」について紹介します。

　「家族のための地域同盟」とは，2004年に政府による新しい家族政策として始まったもので，市議会，地域行政，企業，商工会，教会，関係施設，家族などのボランティアが垣根を越えて，地域ぐるみで連携し，家族にやさしい環境づくりを推進しようとする取り組みです。たとえば，ライプツィヒ市では，家族にやさしい社会を構築するために，テーマやアイディアがあるときに随時集まる，キール市では，大小の企業が集まって相互に経験を交換し合って学習する機会を設ける，というように，そのあり方は地域によってさまざまです。自らの生活に密着した，地域に根差した取り組みです。また，「多世代の家プロ

ジェクト」とは，若年層と高齢者，有子家庭と子どものいない家庭，ひとり親家庭，独身者など，さまざまな家族形態の幅広い世代の人々が，同じ場所で助け合いながら生活することを目的とした集合住宅です。住民は「コミュニティルーム」という共同空間に気軽に集まり，趣味を楽しんだり，共に遊んだりできます。また，子どもが学校や保育施設から帰宅したときに，高齢者が子どもたちの面倒を見たりします。ドイツでは，高齢者が既婚の子ども家族と同居することが少ないため，「多世代の家」では子育て家庭も高齢者も，独身者も含めて，みなが孤独にならず，関わり合いのなかで生活することができます。

このように，ドイツでは地域社会のなかでの子育てや介護のネットワークを築き，老若男女を問わず，人にやさしい社会の構築に力を入れています。日本でも，特に都市部に核家族が多くあるなか，参考になることが多く含まれているように思います。

③ 諸外国の子育て支援から学ぶこと

本章では，子育て支援に関する国際比較データと，実際の取り組みについて見てきました。それぞれの国の歴史や政治・経済，その背景にある家族観や子ども観，労働観の違いなどによって，公的支援のあり方は異なります。しかし，諸外国のデータや事例を見ることで，日本独自の課題が浮かび上がってきたり，逆に諸外国と共通の課題にどのように取り組んでいけるかを考えたりすることができます。たとえば，現在，世界各国が厳しい財政状況にあるなかで，どのように子どもや子育て支援に関わる公的支援を行うかという切実な問題を抱えています。それにどう対処するかは，国によってまた地域によって異なりますが，さまざまな方法を各国の事例から学びながら，日本ではどのように進めていくべきかを考えていく必要があります。

諸外国の子育て支援について知ることは，日本の子育て支援に関する今後の施策を考えるうえでも重要です。その際，諸外国の取り組みに学び，ただ取り入れるのではなく，その国ではなぜそのような取り組みをしているのか，何が

それを可能にしているのかなど総合的に判断したうえで，日本はそこから何を学べるかを考える必要があります。また，日本の子育て支援の取り組みについても，積極的に海外に発信し，相互交流を通して学び合うことがより一層のぞまれます。

> **本章のまとめ**
>
> 　子育て支援のあり方は，国によって，文化によってさまざまです。日本では，少子高齢化に直面しており，育児休業制度や保育環境の整備などの取り組みが進められていますが，課題もまだ多く残っています。諸外国の事例からも学びながら，子育て支援のより一層の充実がのぞまれます。

■参考文献

魚住明代「ドイツの新しい家族政策」『海外社会保障研究』第160号，2007年，pp.22-32。

高橋美恵子「スウェーデンの子育て支援──ワークライフ・バランスと子どもの権利の実現」『海外社会保障研究』第160号，2007年，pp.73-86。

高橋睦子『ネウボラ　フィンランドの出産・子育て支援』かもがわ出版，2015年。

第15章
これからの家庭支援

> **ポイント**
> 1　子どもの育ち・育てに関わる近年の社会的課題について考えよう。
> 2　家庭支援の質を高めていくために必要な取り組みについて理解しよう。
> 3　子どもと子育てに対する社会的理解と関心をどのようにして高めていくべきか考えよう。

1　子ども・子育て家庭をめぐる近年の諸課題

　子どもとその家庭を取り巻く環境は，現在さまざまな課題を抱えています。社会全体による子育て家庭への支援は，今後ますます重要性を増していくでしょう。

　社会の状況や人々の生活環境，そして子ども・子育てに関する知見は，絶えず変化し続けるものです。ある時点では常識とされたことが，数年後には違うものになっているといったこともしばしばあります。さらに，家庭が多様化し，また特別な配慮を必要とする子どもや家庭も増加しているといわれている現在，保育所はもとより，すべての保育や子育て支援の現場において，一人ひとりのニーズに応じたより柔軟で細やかな支援が求められています。

　児童福祉法には，「保育所に勤務する保育士は，乳児，幼児等の保育に関する相談に応じ，及び助言を行うために必要な知識及び技能の修得，維持及び向上に努めなければならない」（第48条の3第2項）とあります。子育て家庭の支援に携わる立場にある者として，常にその時々の目の前にいる子ども・家庭と向きあい，実態に即して課題を把握・理解し，必要な支援を展開していくため，専門性の向上に継続的に取り組んでいくことが求められています。

第15章　これからの家庭支援

　同時に，私たちには社会の一員として，地域や国といった規模で考えていかなくてはならない大きな課題も数多くあります。
　その一つが，保育所等待機児童の問題です。国はこれまでに待機児童ゼロ作戦（2001年）をはじめとして，保育の量的拡大を進めてきました。最近では，待機児童解消加速化プランのもと，2013・2014年度の2年間で約22万人分の保育の受け入れ枠を拡大して，目標としていた約20万人の新規受け入れ枠が確保されました。さらに2017年度までの計5年間で合計約40万人分の受け入れ枠拡大が目標とされています。
　しかし，こうした取り組みにもかかわらず，待機児童数は依然として2万人を超えています。2015年度には5年ぶりに待機児童数が約1,800人増加し，保育需要と供給の差はむしろ再び広がりました[*1]。子どもの数は減少しているものの，都市部への人口集中や夫婦共働き家庭の増加などによる保育を必要とする子どもの急増に，受け入れ体制の整備が追いついていないのが現状です。
　一方で，母親の労働時間が長いほど，就寝時間の遅い子どもの割合が高くなることなども指摘されています[*2]。働く親の帰宅が遅いため，延長保育など長時間にわたる保育を利用している子どもも数多くいますが，子どもの安定した生活や発達の保障という観点から考えたとき，果たしてこうした保育ニーズへの対応を拡充していくだけで十分といえるのでしょうか。もちろんこれは働く母親だけの問題ではなく，父親の育児休業の取得率の低さや労働時間の長さも大いに関係しています。子どもが健やかに育ち，人々が安心して子どもを生み育てられる社会環境をつくっていくためには，保育の拡充だけでなく，男女両方の働き方そのものの見直しが必要でしょう。
　また近年，若者や子育て世代の失業や賃金・労働時間などの面での労働環境の悪化，雇用の不安定化とそれらによる貧困化が社会的な問題となっており，生活基盤が確保できないことから，結婚や出産・育児が困難となっている人々も増加していることが指摘されています。わが国における子どもの相対的貧困[*3]

＊1　厚生労働省「保育所等関連状況取りまとめ（平成27年4月1日）」2015年。
＊2　厚生労働省「第4回21世紀出生児縦断調査結果の概況」2006年。

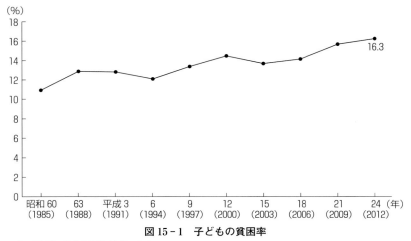

図15-1 子どもの貧困率

注：1994年の数値は兵庫県を除いたもの。
出所：内閣府（編）『子供・若者白書（平成27年版）』日経印刷，2015年，p.30。

率は1990年代半ば頃から上昇傾向にあり，2012年には16.3％にのぼっています（図15-1）。貧困の世代間連鎖や格差の拡大を断ち切るうえで，保育や教育（特に初期）の果たす役割の大きさが指摘されており，若い世代の安定した雇用と生活基盤の保障とともに，すべての子どもたちに質の高い保育・教育を保障することは，次世代育成支援における最も重要な課題の一つです。

　これらの課題への対応を中心に，国は「結婚・妊娠・出産・育児の切れ目ない支援」を掲げ，少子化対策や次世代育成支援を今後さらに推し進めていこうとしています。新しい子ども・子育て支援制度が施行され，各事業の本格的な実施は，まさにこれからという段階です。いうまでもなく，こうした法律や政策の整備や展開は非常に重要ですが，それだけで日々の子育てをすべて支えていくことはできません。保育や子育て家庭支援の現場とそこに携わる支援者に求められているのは，これら公的な枠組みを活用しながら，支援の実践を通じて，子どもと子育て家庭を日常的に見守り，互いに支え合い，つながり合う地

＊3　**相対的貧困**　本書第13章脚注＊5参照。
＊4　阿部彩『子どもの貧困——日本の不公平を考える』岩波書店，2008年。

域社会をつくっていくことと言えるでしょう。

2　支援の質を高めるために

1 子育て家庭支援者の養成と資格・研修

　保育士は、保育および子育て家庭に対する支援の担い手として、児童福祉法において「児童の保育及び児童の保護者に対する保育に関する指導を行うことを業とする者」（児童福祉法18条の４）と定められ、また前節で述べたように、相談や助言を行うために必要な知識や技能の修得と維持向上に努めることが求められています。これを受けて、保育士資格を取得するための養成課程には、「家庭支援論」や「保育相談支援」等の子育て家庭の支援に関わる科目が設置されています。

　一方で、各自治体や民間団体、企業等で独自に設けている子育て支援の資格やその養成制度もさまざまなものが存在します。これらについては、資格取得に必要とされる経験や習得すべき知識・技能の内容・程度がまちまちであり、また公共性の高いものとそうでないものも混在しているため、資格の有無のみで支援者としての専門性や技量・資質を測ることは難しいものも少なくないのが現状です。資格取得のための研修や試験の内容の充実を図ったり、保育士養成を行っている大学等と連携し保育士等の公的な資格と関連づけて資格を取得できるようにする制度を設けたりするなど、それぞれの資格認定機関でも資格の質と信頼性を向上していくことが必要であり、また実際に一部ではそうした取り組みが行われています。

　現在、保育所をはじめとして保育分野全体における人材不足は深刻化しており、地域の子育て家庭に対する支援においても、その実践の担い手となる人材を確保することは喫緊の課題となっています。もちろん、そうした人材について、その質をしっかりと担保することもあわせて必要です。

　こうした状況を背景に、2015年度より、全国共通の子育て支援員研修制度が

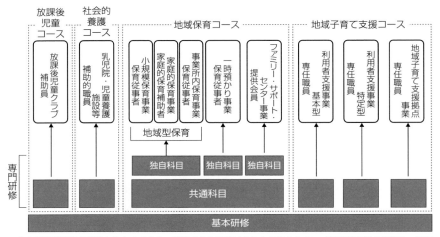

図15-2　子育て支援員研修の体系

出所：厚生労働省資料を一部改変。

＊主な事業従事先を記載したものであり，従事できる事業はこれらに限られない（障害児支援の指導員，居宅訪問型保育従事者など）。
＊一時預かり・事業所内保育・家庭的保育・小規模保育各事業は，研修が従事要件となる。その他は，研修の受講が推奨される事業。

創設されました。保育や子育て支援分野の各事業等に共通する「基本研修」と，各々の特性に応じた専門的内容を学ぶ専門研修の修了者を，「子育て支援員」として認定し（図15-2），それぞれ小規模保育等の保育事業や放課後児童クラブ，社会的養護，地域子育て支援などに従事できるようにしようとするものです。研修の実施と修了の認定は都道府県や市町村等（またはそれらの指定した研修事業者）が行いますが，研修の内容は国が定めたものであり，認定は全国で通用することになっています。

　この制度では，基本研修は8科目（8時間），専門研修は事業によって異なりますが5〜18科目（5.5時間〜24時間。ただし地域型保育や一時預かり事業は2日以上の見学実習も別途必要）と，それぞれの特性に応じて内容が組み立てられており，研修修了者が一定の専門的知識・技能をもつことが図られています。今後，この研修制度の普及により，支援の現場における実践の質が向上するだけでなく，これまで個別に取り上げられることが少なかった各事業領域独自に

必要とされる支援者の専門性が，より明確化・体系化されることが期待されます。

2 │ 現場における研修と支援の評価

　子どもとその家庭への支援の質を向上していくためには，個々の支援者による自己研鑽と組織としての連携・協働を高めていくことの両面における取り組みが必要です。そのため，それぞれの現場では，職員が外部の研修に参加し学んだことを職場にもち帰って共有したり，組織内でのミーティングや会議において職員間で現状に関する報告や事例の検討を行うなど，多様な機会がもたれています。また，外部の専門職や研究者などが組織内の会議や研修の場に参加し，スーパービジョン[*5]などを行うこともあります。

　支援の現場によっては，常時いる職員数が少ない，日によって異なる職員が配置されていて同じ組織の職員全員が顔を合わせる機会がない，雇用上の立場や専門性が異なる職員が混在しているといった事情により，日常の活動のなかで職員同士が組織としての理念や必要な情報を共有したり，支援の方針や役割分担について明確な共通理解をもったりすることが難しい状況にある場合もあります。それぞれの実情にあわせて，情報伝達や会議・研修の機会のもち方や方法を工夫することが必要となります。

　さらに，支援の質を向上していくためには，利用者からの意見や要望・苦情を聞いて，それに対応する仕組みがあることや，支援の内容を振り返って省察・検証する機会があることも重要です。そのため，多くの現場で，利用者アンケートや自己評価などの取り組みが行われています。基本的な考え方や姿勢，子ども・保護者に対する支援者の関わり，環境，守秘義務や法令遵守，運営管理といった観点から，継続的に見直しを行い，改善を重ねていくことが求められます。

＊5　**スーパービジョン**　直接相談を受けたり支援を行ったりする立場の人から，そのときの状況やそれに対して自身に生じた感情・考えなどを聞き，助言や支援の方向性が適切なものとなるよう指導や助言を行うこと。

③ 社会全体で次世代を育むという意識の醸成

1│仕事と育児の両立支援

　第5章で示したように，次世代育成支援対策推進法に基づき，現在企業には行動計画を策定することが義務づけられています。また，育児休業，介護休業等育児又は家族介護を行う労働者の福祉に関する法律（育児・介護休業法）により，子どもが1歳になるまで（保育所に入所できない等の事情がある場合は1歳半まで）育児休業をとれることや，子どもの看護のための休暇，短時間勤務といった制度を企業が設けることなども定められています。

　こうした法制度の整備・普及により，多くの企業では在宅勤務や出産祝等の一時金支給など独自に設けた制度も含め，さまざまな両立支援策を実施しています。女性の育児休業取得率も，厚生労働省雇用均等基本調査によれば，ここ数年の間，約8割前後と高い割合で推移していることが報告されています。

　しかし一方で，男性の育児休業取得率は約2％と，依然として非常に低い状況が続いています。その理由としては，育児休業中の所得補償の関係から，夫婦のうち所得の低いほうが育児休業をとるという選択をする家庭が多く，結果として多くの場合，女性が育児休業をとることになっていることなどが指摘されています。背景には，日本の社会における男女間の雇用格差やジェンダーなどの根強く残る問題の存在もうかがわれます。

　また，第1子の出産前後について就業を継続した女性の割合は約4割と，80年代後半からほとんど変わっていないという報告もあります（表15-1）。この結果からは，いまだ仕事と育児の両立が困難なために出産を機に退職する女性が少なくない現状が浮かび上がってきます。

　育児休業制度をはじめとする仕事と育児の両立支援策が推進されているにもかかわらず，なぜこのような状況になかなか改善のきざしが見られないのでしょうか。その背景として，マミー・トラック[*6]と呼ばれる問題や，育児休業を取

表 15-1　結婚・出産前後の妻の就業継続割合，および育児休業を利用した就業継続割合

結婚年／子の出生年	結婚前後	第1子前後（うち育児休業利用）	第1子妊娠前の従業上の地位			第2子前後（うち育児休業利用）	第3子前後（うち育児休業利用）
			正規の職員	パート・派遣	自営業主・家族従業者・内職		
1985～89年	60.3%	39.0（9.3）	40.4（13.0）	23.7（2.2）	72.7（3.0）	—	—
1990～94年	62.3	39.3（13.0）	44.6（19.9）	18.2（0.5）	81.7（4.3）	81.9（16.3）	84.3（17.6）
1995～99年	65.1	38.1（17.6）	45.5（27.8）	15.2（0.8）	79.2（0.0）	76.8（28.8）	78.1（19.1）
2000～04年	70.9	39.8（22.0）	51.6（37.0）	17.6（2.0）	69.6（2.2）	79.4（34.3）	78.4（28.4）
2005～09年	70.5	38.0（24.2）	52.9（43.1）	18.0（4.0）	73.9（4.3）	72.8（40.5）	82.9（28.5）

注：結婚前・妊娠時に就業していた妻に占める結婚後・出産後に就業を継続していた妻の割合。（ ）内は育児休業制度を利用して就業を継続した割合を示す。
出所：国立社会保障・人口問題研究所「第14回出生動向基本調査（夫婦調査）」2010年。

得した際に職場に代替要員が配置されず，「同僚たちに仕事のしわ寄せがいき，迷惑をかけてしまうのが申し訳ないから」という理由で退職してしまうケースの存在などが指摘されています。

どれだけ多くの支援制度があっても，それを利用することが本人や周囲の人々にディメリットをもたらす場合には，実際に活用されることにつながりません。仕事と育児の両立支援は，子育てをしている当事者だけの問題ではなく，その企業や職場全体に関わるものであるという認識が共有されなくては，現実として成り立たないのです。

「働くことと育児の二者択一を迫られることのない，誰もが子どもを生み育てやすい社会」の実現には，子育て家庭以外の人々も含め，男女の生き方についての価値観やワーク・ライフ・バランスの捉え方といった根本的な意識の見直しが必要といえます。

2│子ども・子育て家庭への温かいまなざしを培う

少子化の進行によって，人々が日常生活のなかでごく身近に子どもたちや親

＊6　マミー・トラック　働く母親が育児休業や時短勤務等の制度を利用した場合に，その後補助的な職種や分野で働くことになり，昇進や昇格がしにくくなること。

子の姿を目にしたり，接したりする機会は，かつてに比べてずいぶんと減りました。多くの人が，自らの実体験に基づいて「子どもとはこういうものだ」という具体的なイメージをもつことが難しくなった結果，地域社会から子どもや子育て家庭に対する理解や寛容さが失われつつあることが危惧されます。

　その代表的な例として，地域住民と保育施設の間でのトラブルの問題があげられます。子どもの声がうるさいことなどを理由に，保育施設の新設に近隣地域の住民が反対したり，保育施設の周辺に防音壁を設置するなどの対策を講じる必要が生じたりしているといったことが，近年メディアを通じてたびたび取り上げられるようになりました。特に都市部では，保育中に音が近隣へ漏れないよう，子どもたちに対して「遊んでいるときに大声を出さない」「楽器を使わせない」といった制限をしている保育施設もあることが報じられています[*7]。

　厚生労働省の委託により2015年３月に実施された調査では，保育所の子どもたちの声を騒音として，保育所の立地に反対する住民の立場に同感できるかという質問に対し，「ある程度」が29.7％，「とても」が5.4％で，同感できるという人の割合は合計で35.1％にのぼることが報告されました（図15-3）。地域の３人に１人以上の人が，子どもの声を騒音と感じていることになります。一方で，同調査では，回答者を地域活動への参加状況との関連で見た場合，活動に「参加していない」人は38.9％が反対の立場に同感と答えたのに対し，「月１回程度以上参加している」人は26.0％と，参加頻度が高い人のほうがより寛容な傾向にあるという結果となったことも指摘されています。

　子どもの声をうるさく感じる，迷惑なので自分の家の近くには保育施設をつくらないでほしいという人を，「冷たい」「理解がない」と一方的に非難することはできません。集団で遊ぶ子どもの声が高くて大きいことは事実であり，送迎時の交通マナーや安全など，騒音以外のことが問題視されている場合もあります。地域住民それぞれの事情もあるでしょう。

　大切なことは，こうした問題を通して地域のなかで対話が重ねられ，住民，

＊７　NHK「クローズアップ現代（第3573回）　子どもって迷惑？──急増する保育園と住民のトラブル」（2014年10月29日放送）。

第15章　これからの家庭支援

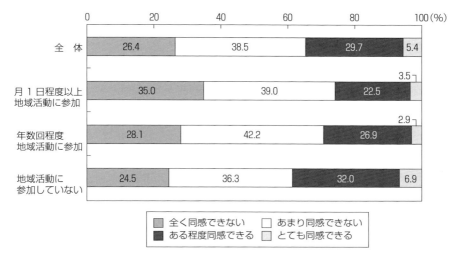

図15-3　保育園児の声を騒音と意識する住民の立場への共感度
資料：厚生労働省「人口減少社会に関する意識調査」2015年。
出所：厚生労働省（編）『厚生労働白書（平成27年版）』日経印刷，2015年，p.151。

子ども，親，支援者それぞれの姿が互いに見えるようになっていくことにあるのではないでしょうか。実際，上述の国による調査結果は，住民が地域に直接的な関わりをもつことが，同じ地域に暮らす子どもや家庭に対する理解へとつながる可能性を示唆しているといえます。

このように考えると，地域の人々とそこに暮らす子ども・子育て家庭の交流の拠点として，地域づくりに保育や子育て支援の場が果たす役割の大きさが改めて浮き彫りとなります。同時に，今の社会のなかで子育てという営みを伝承していく役割の主要な担い手としても，位置づけることができるでしょう。子どもと子育て家庭に対する支援は，社会が子どもや子育て家庭に向けるまなざしを，理解や共感に基づく温かいものへと育んでいくことにも深くつながっているのです。

1.57ショックからすでに25年以上経過し，少子化時代のなかで生まれ育ってきた子どもたちが，社会人となり，また親として子どもを生み育てる時期を迎えました。保育や子育て支援の現場に関わる保育者や支援者も，そう遠くない

将来，少子化世代が中心となっていくでしょう。一方で，人々の生活や家庭のありようはさらに多様化し，子育てはもはや社会全体による支えが欠かせないものとなっています。同じ社会に生きる仲間として，子どもたちは私たちすべてにとって大切な存在です。誰もがそれぞれの希望をもち，自らの生き方を選んでいくなかで，私たち一人ひとりが本当の意味で豊かな社会をつくりあげ，次の世代につないでいくという意識をもつことが求められているといえます。

本章のまとめ

　保育所入所待機児童や子どもの貧困をはじめ，私たちの社会は現在も子どもと子育て家庭に関わるさまざまな課題を抱えています。今後いっそう子育て家庭支援を量・質ともに拡充していくことに加えて，次世代育成支援の意義と必要性について，社会全体の理解や関心を高め，多くの人々の参画と協働を促していくことが求められています。

《執筆者紹介》（執筆順，担当章）

山縣文治　やまがた　ふみはる（編著者，第1章）
　編著者紹介参照

平野順子　ひらの　じゅんこ（第2章）
　現　在　東京家政大学短期大学部保育科准教授
　主　著　『新しい家族関係学』（共著）建帛社，2014年

水枝谷奈央　みえたに　なお（第3章，第8章）
　現　在　玉川大学教育学部乳幼児発達学科非常勤講師
　主　著　『よくわかる家庭支援論（第2版）』（共著）ミネルヴァ書房，2015年
　　　　　『保育相談支援（第2版）』（共著）ミネルヴァ書房，2016年

野澤祥子　のざわ　さちこ（第4章，第9章）
　現　在　東京大学大学院教育学研究科附属発達保育実践政策学センター准教授
　主　著　『保育者のストレス軽減とバーンアウト防止のためのガイドブック』（共訳）福村出版，2011年。
　　　　　『親子関係の生涯発達心理学』（共著）風間書房，2011年

高辻千恵　たかつじ　ちえ（編著者，第5章，第6章，第15章）
　編著者紹介参照

石井章仁　いしい　あきひと（第7章，第10章）
　現　在　千葉明徳短期大学保育創造学科教授
　主　著　『保育所児童保育要録の書き方』（共著）チャイルド本社，2010年
　　　　　『保育内容総論（第2版）』（共著）ミネルヴァ書房，2014年

猿渡知子　えんど　ともこ（第11章）
　現　在　足立区障がい福祉センター幼児発達支援室心理判定士
　主　著　『発達障碍の理解と対応』（共著）金子書房，2009年

亀﨑美沙子　かめざき　みさこ（第12章，第13章）
　現　在　十文字学園女子大学人間生活学部人間福祉学科専任講師
　主　著　『保育原理の基礎と演習』（共著）わかば社，2016年
　　　　　『よくわかる家庭支援論（第2版）』（共著）ミネルヴァ書房，2015年

淀川裕美　よどがわ　ゆみ（第14章）
　現　在　東京大学大学院教育学研究科附属発達保育実践政策学センター特任講師
　主　著　『保育所2歳児クラスにおける集団での対話のあり方の変化』（単著）風間書房，2015年
　　　　　『保育内容　言葉』（共著）光生館，2018年

《編著者紹介》

高辻千恵 たかつじ ちえ
　現　在　元・東京家政大学家政学部児童学科准教授
　主　著　『家庭支援論』（共編）全国社会福祉協議会，2011年
　　　　　『保育者論』（共編）中央法規出版，2015年

山縣文治 やまがた ふみはる
　現　在　関西大学人間健康学部人間健康学科教授
　主　著　『よくわかる家庭支援論（第2版）』（共編）ミネルヴァ書房，2015年
　　　　　『子ども家庭福祉論』（単著）ミネルヴァ書房，2016年

新・プリマーズ／保育／福祉
家庭支援論

2016年9月10日　初版第1刷発行　　〈検印省略〉
2018年5月30日　初版第2刷発行

定価はカバーに
表示しています

編著者	高辻千恵 山縣文治
発行者	杉田啓三
印刷者	田中雅博

発行所　株式会社　ミネルヴァ書房
607-8494　京都市山科区日ノ岡堤谷町1
電話代表　(075)581-5191
振替口座　01020-0-8076

©高辻・山縣ほか，2016　　　創栄図書印刷・藤沢製本

ISBN978-4-623-07639-0
Printed in Japan

———— 新・プリマーズ ————

| 社会福祉 | 石田慎二・山縣文治編著 | 本体1800円 |

| 児童家庭福祉 | 福田公教・山縣文治編著 | 本体1800円 |

| 社会的養護 | 小池由佳・山縣文治編著 | 本体1800円 |

| 社会的養護内容 | 谷口純世・山縣文治編著 | 本体2000円 |

| 相談援助 | 久保美紀・林　浩康・湯浅典人著 | 本体2000円 |

| 家庭支援論 | 高辻千恵・山縣文治編著 | 本体2000円 |

| 保育相談支援 | 柏女霊峰・橋本真紀編著 | 本体2000円 |

| 地域福祉 | 柴田謙治編著 | 本体2400円 |

| 発達心理学 | 無藤　隆・中坪史典・西山　修編著 | 本体2200円 |

| 保育の心理学 | 河合優年・中野　茂編著 | 本体2000円 |

———— ミネルヴァ書房 ————

http://www.minervashobo.co.jp/